CRM 2.0

CRM 2.0

지은이 | 전용준 · 황순귀
펴낸이 | 김성은
마케팅 | 곽홍규 · 김남숙 · 이유진
편집디자인 | 하람 커뮤니케이션(02-322-5405)
펴낸곳 | 타임스퀘어
출판등록 | 제313-2008-000030호(2008. 2. 13)

초판 1쇄 발행 | 2009년 8월 10일
초판 2쇄 발행 | 2011년 12월 12일

주소 | 121-816 서울시 마포구 동교동 113-81
전화 | 편집부 (02) 3143-3724, 영업부 (02) 335-6121
팩스 | (02) 325-5607

ISBN 978-89-93413-18-2 (13320)
책값은 뒤표지에 있습니다.

ⓒ 전용준 · 황순귀, 2009, Printed in Korea.

• 무단 전재와 복제를 금합니다.
• 잘못된 책은 바꾸어 드립니다.

Customer
Relationship
Management

고객중심경영
업그레이드전략

CRM 2.0

전용준·황순귀 지음

타임스퀘어

■ CRM 2.0
책을 내면서

꽤나 긴 시간이 흘러서인지 벌써 언제 처음으로 CRM이라는 단어를 접했는지 조차도 이제는 기억이 가물가물해진다. 분명 처음에는 한편으로는 CRM이라는 단어가 낯설기도 했고 신기하기도 했을 것이 틀림없는데도 말이다. 그사이 주로 컨설턴트의 입장에 서서 현장과 본부의 많은 사람들이 CRM을 받아들이고 실행하고 실험하는 과정을 지켜보면서 함께해왔다.

그 과정에서 내 자신 조차도 그 정체를 완전히 파악하지 못한 CRM을 남들에게 가르치고 전파하고 때로는 설득도 하면서 지내왔다. 많은 실수도 있었고 어려움도 겪었다. 예상과 벗어나는 문제점들때문에 고민으로 밤을 지새우기도 했다. 혹여 새롭거나 획기적인 아이디어를 얻을까 해서 인터넷을 뒤진 것도 무수한 시간 이었다. 새로운 업종을 만나면 그 업종의 특성이 주는 제약을 무시할 수 없기에 일반론에서와는 다른 그 업종에 맞는 방법이 필요했다. 우리나라에 없었던 사례를 찾기 위해서는 미국이나 유럽 등 먼저 CRM이 도입되었다고 하는 경우들을 찾으려고도 애썼다. 그런 시간들 속에서 조금씩은 CRM과 CRM에 관련되어 할 수 있는 생각들, 이야기들이 늘어왔다. 그러나 그래도 그렇게 오랫동안 흥미를 잃지 않고 지낼 수 있었다는 것을 다시 생각해보면 고객이라든지 관계라든지 하는 단어들 자체가 굉장히 매력적이었던 것도 같다.

많은 책들이 CRM을 전적으로 다루기도 했고 전체 중 한 부분으로 다루기도 했다. 그러나 CRM은 이런 것이라는 식의 짧은 설명을 넘어서는 책을 보기가 어려웠다. 특히 기업이라는 조직의 입장에서 해야 할 일과 현실적으로는 할 수 없는 일을 구별한 이야기도 많이 찾기 어려웠다. 맞는 말이든 아니든은 어찌 보면 두 번째 중요한 일일지도 모른다. CRM을 전면적으로 다룬 책의 절대수도 따지고 보면 그렇게 많은 편은 아니다. 그래서 더 많은 사람들이 CRM에 대한 자신들의 생각을 책으로 전해주는 것을 볼 수 있다면 좋겠다는 생각을 한다.

몇 년 전부터 책을 쓰는 작업을 시작했다. 처음 시작했던 책에서는 CRM에 대해서 사람들이 많이 오해하는 부분들을 뽑아서 실제로는 어떤가를 정리하는 내용을 다루려고 했다. 아직도 마무리가 되지 못해 원고를 들고 있지만 나름대로는 흥미로운 시도를 했던 것 같다. 이번에는 지금까지의 문제점을 짚어내고 그에 대해 어느 정도 현실성 있는 개선 방향과 목표 수준을 설정해 그려내는 것을 목표로 했다. 지금 실전 상황에 서있는 사람들에게 보다 시급하게 필요한 것은 CRM의 기초에 대한 개념 설명도 언제 도달할 수 있을지 모를 이상적인 최종 모습에 대한 설파도 아닐 것으로 생각한다. 그 중간에 당장 목표로 해야 할 지점이 어디인가를 찾는 것이 이 책이 다루는 내용이다.

짧은 한 권의 책 안에 CRM 2.0에 대한 그림이 완벽하게 담겨있을 수는 없다는 것을 알고 있었지만 그 미숙함에 따른 부끄러움은 뒤로하고 정리한 글들이다. 물론 그래도 어떤 식으로든 읽는 분들께 도움이 될 만한 내용이 되기를 바라는 마음은 간절하다. 너무 딱딱해질까 두려워 자세한 설명을 줄인 부분도 많다. 그 때문에 단어나 개념에 대한 이해에 어려움이 있을 수 있을 듯한 부분을 보충할 수 있도록 참고할 만한 책들을 몇 권 추천해 두었다. 모쪼록 비판적인 시각으로 읽어주기를 기대한다.

  제시했던 현실성·체계성·전사적 공유라는 측면에서 비약이 있었다거나 타당하지 않은 부분이 있을 테니 그것이 어딘지를 숨은 그림 찾기를 즐기듯 일일이 찾아봐준다면 더욱 고마울 것이다. 그리고 그 과정에서 읽는 분들 자신에 맞는 CRM 2.0의 답안이 조금 더 선명해질 수 있기를 기대한다.

전용준

■ CRM 2.0
책을 내면서

1996년 2월, 코오롱 패션스쿨에서 3일간의 교육을 받았다. 강사는 에스콰이어의 마케팅팀장으로 기억한다. 그분이 강의 말미에 당시 최신의 트렌드로 DBM(Data Base Marketing)을 소개하며, 일본에서는 마루이백화점이 제일 잘한다는 말씀을 하셨다. 마침 그해 8월 일본 출장을 갈 기회가 있었다. 그래서 일본인 중역을 통해 마루이 백화점의 DBM 담당 부장을 만나 이야기를 나눌 시간을 가졌다. 그에게 서너 시간 설명을 듣고, 유통업체에서 앞으로 발전시켜야 할 일은 이것이구나 하는 생각이 들었다.

마케팅이나 IT, 특히 데이터베이스마케팅에 아무것도 몰랐던 저자는 공부해야 할 목표를 정하고 조금씩 알아나가기로 마음 먹었다. 막상, 목표를 정하고 공부하는데에는 여러 난관이 있었다. 더구나 회사를 옮기고 IMF 구제금융이라는 경제상황에서 DBM 시스템을 구축하고, 실행하는데 더더욱 어려웠다. 하지만 'CRM은 고객에 대한 끊임없는 관심과 배려' 라는 믿음을 갖고 어려운 과정을 극복했다. 그러면서 CRM을 실무에서 적용하는데 있어서 앞으로 더 발전해야 한다는 생각을 했다. 그리고 그 일은 자신의 숙제처럼 느껴졌다.

일본 출장을 자주 다니면서 느낀 점은, 실무자들이 자기 업무 분야에 관한 풍부한 경험을 쓴 책이 서점에 많다는 것이다. 그동안 CRM에 관한 성공 및 실패담을 강의나 이야기 중에 전달했기에, 일본에서처럼 꼭 책으로 내야 하겠다는 결심이 가슴 한편에 계속 숨어있었다. 또한 요즈음 CRM이라는 단어의 쓰임 자체도 줄어들고 있고, CRM에 관한 회의론도 생기고 있는 이때에 그동안 겪은 시행착오를 진솔하게 쏟아 내보면, 현재 CRM에 종사하는 실무자와 CRM에 관심을 갖고 있는 분들 모두에게 도움이 될 수 있지 않을까 하는 생각에서 이 책을 쓰게 되었다.

10년 이상을 CRM에 관해 고민하면서 살아왔기 때문에 입문할 때보다는 많이 알고 있지만, 1990년대 말만 하더라도 CRM 시스템만 구축해놓으면 모든 것은 자동적으로 술술 잘 될 것이라는 생각을 했다. 그러나 구축해놓고 분석을 하고 보면 또 다른 분석이 필요했으며, 분석을 어떻게 해석하고 무슨 일을 해야 하는가 하는 기획에도 상당한 시간과 노력이 들었다. 또한 실행을 위해서는 타 부서와 협조 및 비용 관계, 경영진의 설득 등 더 많은 일들이 기다리고 있었다.

막상 실행을 한 이후에도 한 번으로 끝이 아닌, 일련의 후속 실행이 필요했으며 그를 위해서는 ROI 등을 풀어내느라 정신이 없었다. 지금 생각해보면 아무것도 모르는 상태에서 용감하게 도전하지 않았나 하는 생각이 들며, 지금 아는 것을 그때에도 알았다면 그렇게 무모하게 하지는 않았을 것이라 생각한다. 그래서 이 책에 전체적인 큰 틀과 장기적인 틀 안에서 어떻게 하면 CRM이 좀 더 성과를 낼 수 있을지에 대한 반성과 고민을 녹이려 했다.

《개미》의 작가 베르나르 베르베르가 쓴 또 다른 소설 중《나무》에는, "아메리카 인디언의 세계에서는 노인 한 분이 죽는다는 것은, 자그마한 마을의 도서관이 없어지는 것과 같은 인생의 지혜와 경륜이 없어지는 것이다"라는 구절이 있다. 비록 저자가 지혜와 경륜을 갖춘 노인은 아니지만, CRM에 초기부터 관심을 가져왔고, 시스템 구축부터 실행까지 하나의 Closed Loop를 먼저 거쳐 왔기 때문에 지금까지의 경험을 보여드리니 이 책을 읽으시는 분들은 온고지신 溫故知新의 마음으로 잘된 것은 더욱 발전시켜 나가시고, 잘 안된 것은 새롭게 헤쳐 나가기를 진심으로 바란다.

황순귀

CRM 2.0

CONTENTS

| 책을 내면서 •4

PART 01 CRM 되짚어보기
01 CRM 기본 개념과 CRM 1.0 •16

PART 02 CRM 업그레이드의 방향성
01 지금의 CRM이 가진 문제점과 CRM 2.0 •34
02 CRM 기획의 문제점 •46
03 타깃마케팅과 캠페인 •53

PART 03 분석과 통찰력
01 예측에 따른 경영 •66
02 고객 세분화 활용 •78
03 고객가치의 산출 및 활용 •89
04 고객 분석과 사업 전략의 연결 •98

PART 04 목표의 구체화와 재설정
01 고객 유지와 신규 고객 확보 •108
02 교차판매와 고객가치 제고 •119
03 고객불만의 해결 •132
04 떠난 고객 되찾기 : 휴면·이탈 고객 깨우기 •142

PART 05   **기반구조의 업그레이드**

01 CRM에 대한 역할과 책임 ·152

02 채널의 통합과 IMC ·163

03 기계-인간 협동 프로세스의 구축 ·172

04 고객정보 관리의 현실적 제약 ·183

05 규모의 경제와 혁신 ·195

PART 06   **상황과 특성에 대한 고려**

01 불황기의 CRM ·216

02 비영리조직의 CRM ·225

PART 07   **마무리**

01 CRM 업그레이드의 핵심 포인트 : 결론 및 요약 ·240

｜부록   01 CRM에 대한 오해와 진실 9 ·247

02 꼭 읽어 두어야 할 참고서적 Best 9 ·252

PART 01

CRM 되짚어보기

Customer Relationship Management 2.0

01 CRM 기본 개념과 CRM 1.0

01 Customer Relationship Management 2.0
CRM 기본 개념과 CRM 1.0

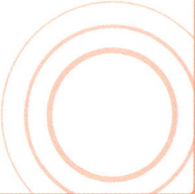

:: CRM의 기본 개념

CRM 2.0에 대해서 본격적으로 이야기하기 전에 CRM이 무엇인가를 먼저 살펴보고 현재의 CRM, 즉 우리가 뒤에 CRM 2.0과 구별하여 CRM 1.0이라고 부르고자 하는 것이 어떤 모습을 가지고 있는가를 단계적으로 정리하려고 한다.

CRM(Customer Relationship Management), 즉 고객관계관리는 조직이 그 '고객'과 '고객과의 관계'를 관리하는 활동이다. 이와 같이 간단히 이야기한 개념을 조금 더 구체적으로 들여다보기 위해 그 안에 들어 있는 부분들을 하나씩 짚어보자.

먼저 조직이라는 것에는 영리활동을 하는 기업뿐 아니라 비영리의 공공기관이나 기타 조직들도 모두가 대상으로 포함된다. 이는 바꾸어 말하면 반드시 기업이 아니라도 CRM을 적용할 수 있다는 의미이다. 다만, 이 책의 전반에서 단순히 설명의 편의를 위해서 기본적으로는 기업 조직의 경우를 가정하여 설명하기로 한다.

고객이라고 하면 기존에 관계를 맺고 있는 사람을 의미한다. 물론 사람에 준하는 조직이나 단체들도 고객이 된다. 조직과 고객 사이의 관계는 다양한 형태로 맺을 수 있다.

기업인 경우라면 주로 구매를 통해 관계가 형성되지만, 꼭 구매뿐 아니라 회원가입이나 문의 등 다른 형태의 접촉을 통해서도 관계가 형성된다. 기업에게 상품이나 서비스를 고객은 구매하여 기업에게 수입과 이익을 제공한다. 구매는 지속되거나 반복될 수 있고 이 과정에서 축적되는 직·간접적인 이익이 기업 입장에서는 고객의 가치가 된다. CRM은 바로 이 고객이 제공하는 가치를 높이는 것

[그림] CRM의 관리대상

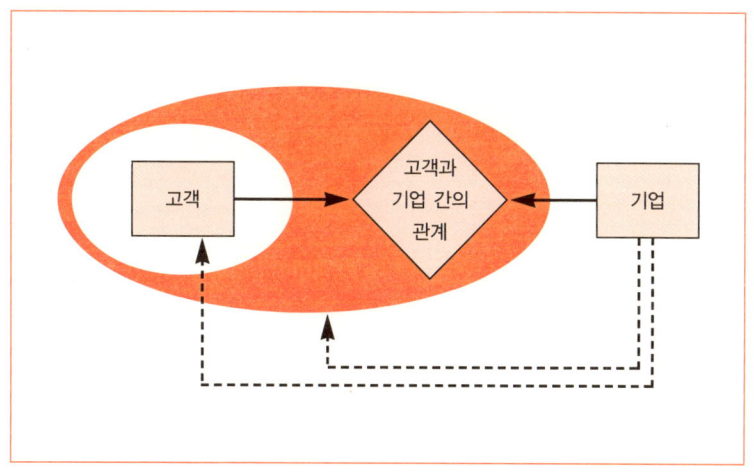

을 목적으로 한다. CRM에서 '관계'는 한순간 또는 한 번의 구매에서 얻어지는 단기적인 이익보다는 장기적으로 지속되는 이익에 초점을 둔다. 그렇기 때문에 단기간에 바로 회수되어 이익을 높이는 것보다 각 고객에게 잠재되어있는 가치를 높이는 것을 더 중요한 목표로 여긴다.

본격적으로 CRM이 도입되기 이전에는 오직 매출을 높이는 것에 기업들의 노력과 관심이 집중되어 있었다. 또 고객이 반복적으로 구매하면서 지속적으로 이익을 준다는 당연한 사실에 크게 신경 쓰지 않았고 당장의 이익에만 집중했다. 결과적으로 기존 고객을 잘 관리하여 지속적인 가치를 얻으려고 하기보다는 얼마나 많은 고객들을 새롭게 확보할 수 있는가를 중요시했다. 그러나 CRM이 도입되면서 고객 유지를 신규 고객 확보 이상으로 중시하기 시작했다. 이는 CRM의 가장 큰 특징이 되며 시장이 포화되어 더 이상 새로운 고객을 찾아내기가 쉽지 않다는 의미이다. 그리고 새로운 고객 한 사람을 얻기 위해 들어가는 비용이 기존의 고객 한 사람을 유지하는 데 들어가는 비용보다 월등히 높다는 인식을 배경으로 한다.

기존 고객과 관계를 발전시키고자 한다는 기본 개념에 무조건 많이 파는 것만을 노리는 방식, 즉 매출에만 집중하는 대신 생산과 판매 과정 전체에서 발생된 모든 비용을 뺀 이익을 중시한다는 점도 CRM의 큰 특징이다. 각 고객이 일으킨 매출과 비용을 고객 한 사람 단위로 따져서 같은 매출을 일으키는 고객도 비용을 적게 드는 고객이 더 중요하게 여기겠다는 것이다. 이는 통상 매출로 대변되는 외형보다는 실질을 더 중시하겠다는 의미이다.

마지막 특징으로 이전의 고객만족경영과 차이점이다. 과거 고객만족의 개념이 등장한 초기에는 조건 없이 일방적으로 고객이 만족하는 것을 우선해야 하는 것처럼 이해되었다. 고객에 대해 감동적인 서비스를 제공하게 되면 고객은 만족하고 궁극적으로는 회사 쪽에도 장기적으로 득이 된다는 것이었다. 한편으로는 이 논리가 크게 틀린 것이라고는 할 수 없겠으나 고객이 만족하기 위해 비용이 너무 많이 발생된다면 문제가 된다. 그리고 가치가 낮은 고객이 만족하기 위해 더 많은 비용을 지출하고 반대로 가치가 큰 고객에게 고객이 별다른 요구가 없다는 이유만으로 비용을 지출하지 않는다면 이 또한 합리적이지 않다. 이에 CRM에서는 마케팅, 영업, 서비스 등 고객과 회사의 이익을 위해 각 고객의 가치 수준에 따라 적정한 선을 정해 고객을 만족시키고자 한다.

> **CRM의 특징**
>
> - 구매 고객 전체보다는 개별 고객 특성 중시-고객별 차별적 대응
> - 신규 고객 확보보다는 기존 고객의 유지 중시
> - 단기적 성과보다는 고객과 장기적 관계와 가치 중시
> - 매출보다는 이익을 중시
> - 고객과 조직 양측 모두의 만족을 추구

:: CRM이 실행되는 프로세스

CRM 이전의 마케팅에서는 사실상 고객이라는 개념을 그다지 중요하게 여기지 않았다. 개개인의 고객을 구별하고 그 특성에 따라서 다른 마케팅을 하려면 그것을 위한 프로세스와 기술을 가지고 있어야 하지만 당시에는 그런 부분이 존재하지 않았기 때문이다. 따라서 구매할 능력과 의사를 가진 소비자들의 집합체를 시장이라고 정의하고 전체 또는 일부를 단위로 활동이 이루어졌다. 이 과정에서 시장을 나누고 그 중 더 매력적인 시장을 우선순위에 따라 집중하는 방법도 등장하였는데 이를 '시장 세분화'라고 불렀다.

이와는 달리 CRM에서는 각 고객이 회원으로 가입하고 고객별 구매이력이나 서비스이력을 데이터로 축적한 후 이를 바탕으로 최대한 개개인별의 특성에 따른 차별적인 활동을 하는 방식이 사용된다. 고객의 성별·나이·거주지역 등과 구매이력이나 서비스 이용내역 등 행동 측면에 대해 데이터베이스에 저장된 데이터는 다차원 분석이나 통계적인 분석 등의 과정을 거쳐 고도로 가공되고 요약된 정보로 바뀌며 이를 이용해서 각 고객들에게 무엇을 해주어야 하는가를 판단한다. 각각의 고객 또는 고객집단에 대해 실행된 활동의 결과는 다시 데이터베이스에 기록되며 이를 바탕으로 반복적으로 고객별로 해야 할 활동을 점점 더 정확하게 만들어간다. 이와 같이 반복적으로 활동이 실행되는 과정을 '폐쇄적인 반복 활동 과정' Closed-loop process이라고 부른다.

이와 같은 프로세스가 완성되기까지는 대략 세 가지 단계를 단계적으로 구축하게 된다. 첫 번째로 고객에 대해 '회원'이라는 형식의 제도를 만들어 그 정보를 파악하고 기록할 수 있도록 하는 단계가 필요하다. 고객카드 또는 멤버십카드 등이라 하는 다양한 형태의 고객관리 제도가 이에 해당한다. 다음 단계는 단순히 기록만을 유지하는 것이 아니라 분석하고 고객관리 활동에 활용할 수 있도록 별도의 데이터베이스를 구축하는 것이다. 고객과 관련된 내용들만을 골라 구축된 데이터베이스이므로 이를 '고객 데이터베이스'로 부른다. 마지막 단계는 구축된 고객 데이터베이스를 분석하고 활동을 기획하고 각 활동에 적합한 대상 고객을 골라 실행하고, 결과를 평가하는 반복과정이다. 일단 이와 같은 세 가지 단계를 모두 구축해놓은 조직이라면 CRM의 실행이 가능하다. 그러나 현실적으로 각 단계의 완성도가 처음부터 충분한 수준이기 어렵기에 지속적으로 각 단계의 내용들을 보완하고 고도화하려는 노력을 해나간다.

[그림] CRM 실행 프로세스 단계

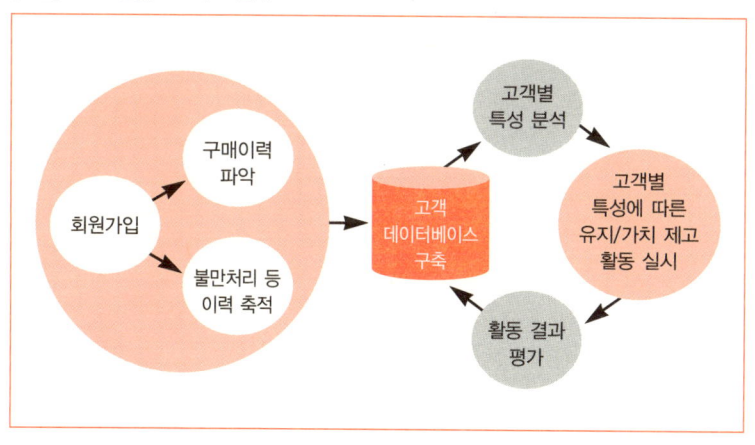

:: 전통적인 고객관리와 CRM은 어떻게 다른가

고객을 관리하는 일은 요즈음 이야기하고 있는 CRM이 대두되기 이전에도 있었다. 장사하는 상점이 생겨나는 시절부터 구매를 하는 사람이 있었고 그들은 분명 고객이었으며 상점 주인 입장에서는 고객을 관리하려는 노력도 있었다. 따라서 자주 거래하는 고객은 단골로 보고 좀 더 나은 대우를 해주려고 했을 것이다. 개성상인을 다룬 어느 소설책에서도 장부에 고객과 거래내역을 기록하고 적극적으로 관리하는 모습이 언급된다. 그러나 오늘날의 CRM은 과거의 고객관리와 여러 면에서 다른 모습을 가지고 있다. 우리 주변에서 흔히 볼 수 있는 간단한 예를 통해서 이에 대해 살펴보자.

어느 아파트에 사는 주부 한 사람은 아파트 입구에 위치한 조그만 동네 슈퍼에 자주 들린다. 대형 할인마트에서도 장을 보기는 하지만 급하게 필요한 물건들은 그때그때 가까운 동네 슈퍼에서 산다. 또 이 주부는 아이들을 위해 우유와 요구르트를 배달시켜서 먹인다. 동네 슈퍼나 우유 배달원 입장에서 보면 이 주부는 고객이 되며 이 고객을 잘 관리할 필요가 있다. 그러나 현실적으로는 그리 쉽지 않다.

동네 슈퍼 주인 김씨 부부는 고객의 수가 많아서 자주 들리는 몇몇의 고객 정도만 기억한다. 물론 그런 고객들조차 정확하게 기억하는 것은 아니다. 일일이 누가 얼마를 언제 샀는지 기록하기 어려우므로 고객 개개인별 특성에 따라서 특별한 관리를 한다는 것은 생각하지 못한다. 따라서 모두에게 가능한 한 친절하려고 노력할 뿐이다. 같은 고객에 대해서도 주인 남자와 그의 아내가 대하는 내용이 동일하지 않다.

　우유를 배달하는 박씨의 경우 수첩을 통해 고객을 관리한다. 하지만 수첩에 기록되는 내용이라고 해야 주로 어느 집에 어떤 우유와 요구르트를 배달해야 하는가와 언제 수금했는지가 전부이다. 가끔은 고객에 대해 특기할 만한 사항을 기록하기도 하지만 그 내용이 고객을 더 잘 관리하기 위해 활용되는 경우는 많지 않다. 각 고객에 대해 많은 정보를 가지고 있지 못하다 보니 고객이 주문하는 대로 배달할 뿐 고객에게 무언가를 추가로 권할 기회를 잡기는 쉽지 않다. 그나마도 박씨가 이직하고 다른 배달 담당으로 바뀌게 되면 과거에 파악된 약간의 정보조차 우유 회사에는 남지 않는다.

[그림] 전통적인 고객관리 방식의 한계점

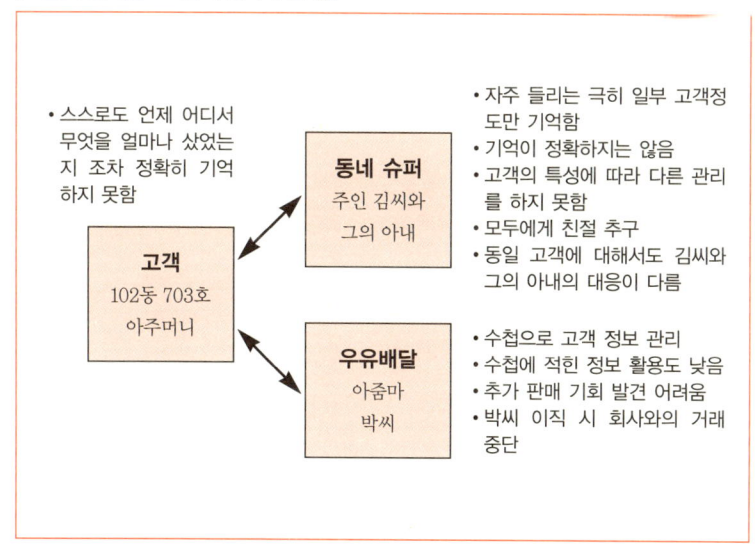

이와 같은 상황은 고객인 703호 주부의 입장에서도 마찬가지이다. 자주 다니는 슈퍼 주인들과도 얼굴만 알 뿐이고 우유를 배달하는 박씨와도 간혹 얼굴만 볼 뿐이다. 또 자기 스스로도 언제 어디서 무엇을 얼마나 샀는가에 대해서 정확하게 기억하지 못한다.

과거에는 고객과 물건을 파는 사람 간에 개인적인 관계가 만들어지고 서로에 대해 비교적 많이 아는 것이 가능했다. 한 상점이 상대하는 고객의 수가 많지 않았기 때문이다. 그러나 앞의 예에서 살펴본 것처럼 오늘날에는 과거와 같은 방식으로는 고객관리가 이루어지는 것이 불가능해졌다.

오늘날에는 소규모의 영세 기업들은 쇠퇴하고 점차 기업들이 대규모화되었다. 한 기업이 상대해야 하는 고객의 수가 수십만에서 수천만에까지도 이르고 있다. 또 고객과 기업이 만나는 채널도 다양화되고 복잡해졌다.

인터넷으로 고객이 물건을 구입하기도 하고 점포에서 물건을 구입하기도 한다. 전화로 구입한 물건에 대해서 문제점을 말하기도 하고 서비스센터를 통해서 물건의 하자를 수리받는 경우도 있다. 또한 한 고객이 이용하는 채널도 여러 가지이다. 이렇다 보니 기업의 입장에서도 고객을 관리하는 업무를 각 고객별로 하기 어려워졌고 점점 고객관리 업무를 전담하는 부서가 생겨났다. 그 역시도 마케팅을 담당하는 부서, 판매를 담당하는 부서, 배송을 담당하는 부서, 서비스를 담당하는 부서로 구분되었다.

이와 같이 상황이 달라진 데에는 데이터베이스 처리와 네트워크기술이 발전한 것의 영향이 절대적이다. 수많은 고객과 만나고 거래가 이루어진 내역들을 데이터베이스에 기록하고 이를 네트워크를 통해 기업 내의 전체 직원들이 공유하는 것이 가능했기 때문에 기업이 커지는 것도 고객을 대하는 업무를 서로 다른 부서에서 분담하는 것도 가능해진 것이다.

기존 고객 유지를 새로운 고객의 창출 이상으로 중시할 수 있는 것도 기존 고객에 대해서 데이터베이스에 기록을 남길 수 있기에 가능한 것이며 오늘의 매출만을 생각하기보다는 장기적 관계를 추구하고 매출 자체 이외에도 고객을 관리하는 데 들어가는 비용을 고려하는 것도 기록을 남길 수 있기에 가능해진 것이다. 또한 이와 같은 데이터베이스가 있기에 타깃을 정해서 해당 고객집단에 대해서만 집중적으로 공략하는 것이 가능하며 고객의 특성별로 대응하는 내용을 다르게 할 수 있다. 느낌이나 감에 따라서 일하기보다는 데이터와 사실을 근거로 해서 각각의 고객에 대한 관리 방안을 미련할 수 있다.

앞선 예에서처럼 동네 슈퍼의 주인인 김씨 부부 사이에서도 각자가 만난 고객들에 대한 기록을 남겨두었다면 일관성 있게 고객을 대할 수 있다. 우유배달하는 박씨가 일을 그만두더라도 이전에 고객과 사이에 있었던 일들을 기록으로 남긴다면 새로운 사람이 그 일을 맡아도 기록을 활용하여 연속성 있게 고객을 대할 수 있다.

이처럼 고객정보는 기업의 재산이 되며 고객과 직접 만나는 영업사원 한 사람이 고객을 소유하는 것이 아니라 회사 전체가 공유하게 되며 회사 내에서 여러 사람들이 각자 서로 다른 업무를 맡아서 한다고 하더라도 각자 전문적인 분야에서 일관되게 업무를 처리 할 수 있게 된다. 과거에는 영업사원이나 점원 개개인의 역량에 따라 고객관리가 이루어지고 영업을 수행했다면 오늘날에는 고객중심의 전사적 협업에 따라 시너지가 만들어져야 한다.

정리해보면 기본적으로 CRM과 고객관리는 다른 것이라고 할 수 없지만 시대 상황이 달라짐으로 인해서 현대적인 상황에서 요구되는 사항들이 분명하게 존재하므로 그에 맞추어 고객관리의 '현대적 버전' 으로 나온 것이 바로 CRM이라 할 수 있다.

:: CRM 1.0은 어떤 모습으로 실행되고 있는가?

이미 수년 전에 발표된 여러 통계에서도 어느 정도 규모가 있는 기업들 중의 대부분이 CRM을 도입하여 운영하고 있는 것으로 나타나있다. 최근 수년에 걸쳐 기업이 아닌 비영리조직들의 경우에도 다수가 CRM을 도입해왔으며 중소기업들 중에서도 상당수가 부분적으로라도 CRM을 도입했다.

업종으로 보면 주로 유통·금융·통신 등 소매 및 서비스 업종들이 주도적으로 CRM을 도입해 적용하고 있으며 상대적으로 CRM의 개념 적용이 용이하지 않을 것으로 생각되었던 B2B 또는 제조 업종에서 조차도 각각의 업종에 맞는 방식의 CRM이 고안되어 시도되고 있다.

CRM은 고객과 관계를 관리하는 것이므로 그것이 제대로 이루어지기 위해서는 직접 고객과 접하는 모든 고객 접점과 그 접점에 연결된 조직 내부의 전반이 유기적으로 움직여져야 한다. 각 접점에서 고객과 접촉하는 방식이나 내용 또는 수단들이 각기 다르다 보니 관계를 맺고 발전하기 위한 활동의 범위에는 상당히 다양하고 폭넓은 것들이 포함될 수 있다. 그러나 실제로는 아직까지 CRM이 고객과 고객과의 관계와 연결된 전반적인 부분에서 충분하게 전개되고 있다고 보기는 어렵다.

특히 유통업이나 금융 등의 업종을 중심으로 CRM이 실행되는 범위가 주로 고객에게 단기적인 매출 진작을 위한 판촉성의 DM이나 SMS를 보내는 방식의 타깃마케팅에 국한되어 운영되는 경우가 많다. 장기적인 관점에서 고객의 가치를 파악하고 그에 따라 다양한 혜택과 관리방법을 개발하여 사용하는 면에서 미흡하다. 이렇게 아직도 고객과 관계 정도를 고려하거나 고객의 개인적인 취향을 고려하지 못하고 전체 고객에게 동일한 메시지를 보내고 동일하게 대우하는 경우를 주변에서 많이 볼 수 있다.

한편 비영리조직인 공공분야에서는 고객만족 CS와 CRM 간의 경계선을 명확히 정의하지 못한 상태로 운영되는 경우가 많으며, B2B 업종에서는 CRM이라는 이름이 등장하기 이전부터 존재해왔던 단순한 거래처 관리 정도의 수준을 크게 벗어나지 못하고 있다.

물론 일찍부터 CRM을 도입한 일부 기업들의 경우에는 이미 십 년을 넘기는 역사를 가지고 있으며 나름대로 발전을 해온 것도 사실이다. 몇몇 기업들은 국외에서도 높은 평가를 받고 있으며 새로운 방식과 기술을 개발하고 적용하는 것으로 유명해진 경우도 있다. 그러나 아직까지도 CRM이 가지는 본래의 잠재적 능력을 십분 발휘하지 못하고 있다는 내·외부의 평가도 여전히 많다. 몇몇 기업의 경우 단기적인 성과만을 기대하고 CRM을 도입했으나 오래 기다리지 못하고 해당 조직과 업무를 대폭 축소하여 사실상 유명무실해진 상태로 명맥만을 유지하고 있는 경우도 있다.

아직까지 CRM을 도입하지 못한 일부 중소규모의 기업들이나 비영리조직들에는 성공적인 도입 자체가 여전히 숙제일 수 있겠지만 이미 도입하고 운영하는 기업들에는 CRM의 고도화는 지속적인 과제로 남아있다.

그렇기 때문에 이 책에서는 CRM의 본래 개념에서 큰 그림의 일부만이 적용되고 아직은 본격적으로 전개되고 있지 못한 현재의 CRM 모습을 'CRM 1.0'으로 부른다. 그리고 이를 넘어서는 좀 더 고도화된 CRM의 두 번째 버전을 'CRM 2.0'으로 부르는 것이다. 각각의 업종별로 또는 각각의 조직별로 CRM의 현재 모습이나 수준, 앞으로 나아가야 할 방향은 다를 수 있겠지만 이 책에서 짚어나가는 여러 가지 측면들 중 적어도 일부는 업그레이드를 위한 중요한 과제로서 유용한 방향을 보여주리라 생각한다.

:: CRM에 대한 일반 대중과 조직 내부의 인식 수준

기업을 비롯한 조직의 내부에서 CRM을 직접 담당하는 사람들은 CRM이 무엇인가에 대해 상당한 이해를 가지고 있다. 그러나 그들 이외의 사람들, 조직 내의 다른 부문에 속한 사람들이나 더 나아가서 일반 사람들은 CRM에 대해 얼마나 이해하고 있는가를 짚어보는 것도 의미가 있을 것이다. CRM의 발전에서는 가장 크게 발목을 잡히는 부분이 바로 이 부분이기 때문이다.

기업이 그 고객들을 상대로 DM이나 SMS 등을 보내면서 CRM 팀이라는 부서의 명의를 사용하는 것을 가끔씩 볼 수 있다. 그리고 일반 사람들도 CRM이라는 단어 자체가 무엇인지를 모르고 있는 경우가 많고 이름을 들어봤더라도 CRM이 막연하게 고객에게 잘해주는 것이라거나 장사 내지는 판촉을 하는 수단의 일종이라고 (주로 텔레마케팅이라는 생각에서) 생각하기도 한다. 일반인들의 생각이라고 해도 모두 같은 것도 아니기에 어떤 사람들은 고객서비스센터가 CRM이라고 생각하거나 포인트와 같은 혜택을 주는 것이라거나 또는 기업이 자신들이 가진 고객정보를 마케팅에 사용하는 것이 CRM이라는 정도로 이해하는 경우도 있다.

고객(일반 사람들)도 회사도 모두 CRM을 필요로 함에도 불구하고 이와 같이 CRM에 대해 그 내용이나 의미를 잘 모르고 있는 경우가 많다. 물론 고객들은 CRM이 무엇인지를 공부해야 할 이유나 의무는 없다. 그러나 고객과 관계를 발전하고자 하는 기업 쪽에서는 CRM이 무엇을 하고자 하는 것인지에 대해 자신의 고객들에게 적극적으로 설명할 필요가 있다. 고객들을 더 잘 관리하려고 노력하고 있는 모습을 CRM을 통해 고객들이 이해할 수 있도록 설명한다면 고객들이 그 노력을 좀 더 쉽게 인정해 줄 것이다. 아쉽게도 이러한 부분에 대한 기업들의 노력은 많이 부족해 보인다.

한편 기업 등 조직의 내부에서는 CRM이라는 명칭을 가진 부서가 무엇을 담당하는 부서인지에 대한 인식이 어느 정도 이루어져 있는 경우도 있지만 그다지 하는 일이 다른 부서에 자세히 알려져 있지 못한 경우도 많다. 각 조직마다 CRM이라는 이름으로 하는 활동이 각기 다르다 보니 그에 대한 다른 부서들에 속한 사람들의 이해도 천차만별이다. 어떤 경우에는 콜센터가 하는 일을 CRM이라고 부르기도 하고, 어떤 경우에는 DM을 보내는 것이 CRM이라고도 한다. 단, 공통점을 찾는다면 CRM 담당 부서는 주로 마케팅이나 고객 서비스와 관련된 일을 한다는 점과 그것을 담당하는 부서는 다른 부서에 비해서도 좀 더 피곤한 곳이라는 이미지가 강하다는 점이다. 이처럼 조직 내부에서조차도 CRM이 담당하는 업무의 내용과 필요성이 충분히 알려지지 못하다면 다른 부문의 협력을 얻고 그것을 바탕으로 조직 전체 차원에서 유기적으로 고객을 관리하기에는 큰 어려움을 겪을 수밖에 없다.

물론 가장 중요한 것은 CRM을 잘 하는 것이겠지만 CRM이 무엇이고 어떤 일을 하는 것이며 어떤 도움을 줄 수 있는 것인지를 조직 내부에서도 좀 더 많이 알려야 한다. 그리고 더 나아가서는 각 조직이 대하는 고객들에게도 많이 알릴수록 더 호의적인 반응과 협조를 얻을 수 있다. 조직 내부에서도 또 고객을 상대하는 경우에도 CRM이 하는 일은 사람을 상대하는 것이기 때문이다. 어찌 보면 이 또한 현재의 CRM, 즉 CRM 1.0이 많이 미흡한 점들 중 한 가지이다.

이 장에서는 CRM의 기본적인 개념과 프로세스 그리고 현재의 CRM이 가진 실상에 대해 전반적으로 살펴보았다. 이러한 기초 지식을 바탕으로 이제부터는 현재의 CRM이 가지고 있는 구체적인 문제점들을 짚어보면서 그것들을 해결하고 CRM을 업그레이드해 나갈 방안에 대해 하나씩 생각해보기로 한다.

PART 02

CRM 업그레이드의 방향성

01   지금의 CRM이 가진 문제점과 CRM 2.0
02   CRM 기획의 문제점
03   타깃마케팅과 캠페인

01 Customer Relationship Management 2.0

지금의 CRM이 가진 문제점과 CRM 2.0

:: 현재의 CRM은 어떤 문제를 가지고 있는가?

지금의 CRM이 어떤 문제점들을 지니고 있는가를 이야기하려면 다시 한 번 CRM이 무엇인가를 살펴보는 것으로 돌아가 볼 필요가 있다. 고객관계관리, 즉 CRM은 기업 또는 어떤 조직이 고객과 좋은 관계를 맺고 유지하고 발전해나가야 하므로 그 과정을 체계적으로 관리해야 한다는 사상이다.

지난 1990년대 처음 이야기되기 시작하면서 21세기에는 이미 많은 사람들이 그 개념을 이해하고 있을 정도로 확산되었다. 대학에서도 학생들에게 CRM을 가르치고 있으며 CRM을 잘했다는 공로로 기업에게 주는 상도 생겨났을 정도이다. 기업의 대표들이 매년 하는 신년사에서도 고객중심 또는 CRM이란 단어는 단골 메뉴가 되었다.

어떤 이들은 CRM을 일종의 소프트웨어로 외부에 돈을 내고 사면 되는 것으로 생각하기도 하고, 어떤 이들은 고도로 높은 경영철학의 수준으로 이해하기도 한다. 이처럼 다양한 관점에서 CRM을 보고 있지만 이미 CRM은 업종이나 규모를 불문하고 전 세계적으로 많은 기업과 여러 조직들에 이미 도입되어 실행 또는 운영되고 있다.

하지만 2009년 현재의 CRM은 십여 년 이전의 초창기에 그 개념을 설명하는 단계에서 이야기하던 것들 중 많은 부분에서 거품이 빠져 부쩍 수척해진 모습이며 이러한 현상은 국내에서 더욱 분명해 보인다. 적극적으로 CRM의 도입을 주장하던 이들이 말하던 황금빛 미래는 십여 년이 지났음에도 아직 우리 앞에 나타나지 못하고 있다. 국내의 경우에서만 보더라도 유통··금융··통신 등의 업종을 중심으로 큰 규모의 기업들 중에는 대다수가 CRM을 이미 도입해서 운영하고 있음에도 불구하고 스스로 만족하지 못하는 목소리가 나오는 경우가 많다. 아직까지 CRM은 진정으로 고객을 중심으로 경영 전반의 활동을 하는 궤도에 오르지 못했고 심지어는 CRM의 도입과 확산을 주도했던 이들조차 스스로 CRM에 대한 회의를 드러내는 경우가 흔하다. CRM이 실제로 기업에 도움을 줄 수 있는 무언가가 아니라 허황된 것이기 때문에 아무리 CRM에 매진해도 별다른 성과를 얻지 못할 수밖에 없는 것이 아닌가 하는 이야기다.

구체적이고 가시적인 성과가 보이지 않는다는 점 이외에 또 한 가지 문제는 CRM이 개념적으로는 그럴 듯하지만 실제로 실행하는 것이 용이하지 않다는 점이다. 고객과 관계를 좋게 유지하고자 하는 마음을 가지는 것은 쉽게 가능해 보이지만 좋은 관계를 만들어 내기 위해 할 수 있는 방법이 무엇인가는 쉽게 찾아지지 않았다는 것이다.

예를 들어 수년간 많이 팔아준 고객에게는 일 년에 한두 번 정도 특별한 가격 할인을 해준다는 정도까지는 생각해 볼 수 있다. 그러나 이런 정도를 가지고 CRM을 하고 있다고 이야기하기에는 부족함이 많다. 혜택을 주는 것 이외에 감사의 표시로 정성 어린 편지를 한 통 써서 보내는 것도 방법이 될 수 있겠지만 여전히 부족하다. 할인을 해주고 정성스런 편지도 보내고 하는 것 정도만으로 고객과 관계가 원래 기대했던 것만큼 쉽고 크게 좋을 수 있을까? 고객이 유지되고 관계가 강화될 수 있을까? 이런 정도만으로는 고객중심경영 내지는 완성된 CRM이라고 할 수 없다.

[그림] 현재의 CRM에 대한 부정적 인식

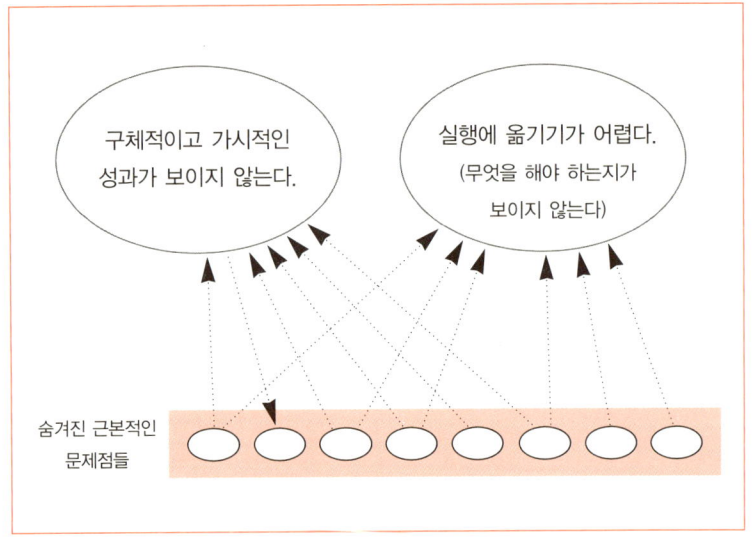

겉으로 드러나는 두 가지 문제점, 즉 성과가 확인되지 않았다는 것과 무엇을 해야 하는지를 찾기 어렵다는 것의 근저에는 현재의 CRM이 취하고 있는 모습이 가진 여러 가지 각도의 한계가 관련되어 있다. 예를 들어 기업 내에서 CRM의 입지가 실제로는 그다지 크지 않다든지, CRM 실행 방안으로 오직 다이렉트 메일에만 의존하고 있다든지, CRM 부서를 이끌고 있는 책임자의 직급이 높은 편이 아니라든지, 고객과 구매내역을 다각적으로 분석하지 못하고 있다든지 등과 같은 것들이다.

:: CRM 2.0이란 무엇을 의미하는가?

우리는 앞서 이야기한 문제점들을 해결한 좀 더 업그레이드된 CRM의 모습을 'CRM 2.0'이라고 부르고자 한다. 지금까지의 CRM이 부딪혔던 많은 문제점들을 검토해서 이들을 해결하거나 넘어서기 위한 현실적인 대안들을 찾고 그들을 모아 앞으로 추구할 새로운 CRM의 모습을 그려내고 CRM 2.0이라는 이름 아래 이를 실행에 옮기고자 하는 것이다.

> ✏ CRM 2.0의 키워드
> - 현실성
> - 체계화
> - 전사적 관점

현재의 CRM이 가진 문제점을 극복하고 CRM 2.0 키워드에 집중해야 할 것이다. 즉, 현실성·체계화 그리고 전사적 관점이다.

각 기업이나 조직은 나름대로 주어진 상황이나 특성을 가지고 있기 때문에 일반적으로 맞는 말이 특정 기업에서는 그대로 성립하지 않을 수 있다. 상식적으로 실행 가능할 것처럼 보이는 사항들을 실행할 수 없는 경우도 많다. 현실성은 이와 같이 실행이 가능하지 않은 부분들을 각 기업의 특성에 맞춰 실행 가능한 것으로 바꾸어주는 것을 의미한다. 지금까지의 CRM이 기초 편 내지는 원론 편이었다면, CRM 2.0은 '현실성'을 가진 응용 내지는 적용 편이 되어야 한다. 다만, 여기서의 현실성이란 무조건 보수적이거나 소극적인 선

[그림] CRM 1.0과 CRM 2.0의 차이

CRM 1.0	적용 범위	CRM 2.0
단위 기능 수준	적용 범위	전사 및 전략 수준
CRM 팀장 (마케팅 부문의 부속)	리더	CRM 본부장(중역급 이상) 또는 CCO
DM, SMS, 이메일 타게팅	캠페인 실행	캠페인 최적화, 개인화, 시리즈(연계)화
고객등급, 최근 구매내역, 이탈 가능성	데이터 분석	고객미래가치, 민감도, 행동유형 및 변화방향, 사업전략 영향(4Ps)
가격 할인, 사은품, 감사편지	고객 유인	신뢰, 편의성, 정보/오락(즐거움)
아웃바운드 (One way)	고객 커뮤니케이션	양 방향(Two way), 상호작용적
DM 성공률, 이탈률, 구매 유도	성과 척도	고객가치 제고, 고객 베이스 우량화

택을 말하는 것은 아니라 조금씩 최소한만 바꾸어서 바람직한 방향으로 변하는 것이다. 하지만 이것이 더 어려워지는 경우도 있다. 이런 경우라면 좀 더 공격적인 선택이 오히려 더 현실적이고 합리적인 선택이다.

'체계화'란 기획, 실행, 평가의 각 과정을 수행하는 방법에 고급 기법을 적용하고 빈틈없이 전체와 각 부분이 유기적으로 연결되도록 하는 것을 의미한다. 정보기술을 활용한 자동화 수준을 높이고 일관성을 가지며, 임기응변식의 대응보다는 짜여진 각본 또는 계획에 따라 CRM을 수행한다는 것이다.

마지막 키워드인 '전사적 관점'은 기업의 마케팅 부분 일부에서 몇몇 사람들만이 수행하는 활동이 아니라 CRM을 기업 전체의 필요에 따라 움직이도록 한다. 또한 기업 전체의 움직임이 고객과 고객과의 관계를 중심으로 진행되도록 한다는 것이다.

분명 세 가지 키워드 모두가 CRM이 처음 이야기되던 시절부터 나오던 이야기였음에도 불구하고 정작 실제로 CRM을 도입하고 실행하는 단계에서는 그다지 중요하게 여겨지지 않았던 사항이다. 하지만 아이러니컬하게도 이처럼 당연한 키워드들을 다시 살펴보는 것이 CRM 2.0으로 가는 데 있어 핵심이다.

현재의 CRM은 주로 마케팅 부문에 부속된 CRM 팀에서 고객 데이터베이스를 분석하여 고객등급을 산출하고 최근의 구매내역을 분석한 후 DM이나 휴대폰 SMS 문자메시지를 발송하여 고객의 구매를 촉진하는 캠페인을 전개하는 데 초점을 두고 있다. 경영진이

CRM에 기대하는 것도 이와 같은 캠페인에 따라서 고객들의 구매가 증가하고 결과적으로는 매출이 늘어나는 것이다. 이 때문에 매출이 좋지 못한 상황에서는 CRM이 성과가 없다는 평가가 나오기도 하고, 반대로 경기가 나빠지면서 매출이 감소하고 있는 경우 CRM에 매출이 늘어나도록 상황을 반전하라는 무리한 요구가 주어지기도 한다. CRM을 책임지고 있는 팀장은 엄청난 부담을 지고 고민을 계속하지만 묘안은 찾지 못하고 CRM 팀 직원들은 노력에 대한 보람을 기대할 수 없는 상황에 우울해진다.

이와 같은 CRM 1.0의 한계를 넘어서기 위해서는 CRM 2.0을 누가 책임지고 지휘하는가가 매우 중요하다. 전사적인 각도에서 CRM이 실행되기 위해서는 그에 맞는 수장이 필요하다. CRM은 조직의 인원 수 규모가 크지 않더라도 본부급의 위상과 권한을 가지고 있어야 한다. 근래에는 이러한 역할을 책임지는 수장을 CCO(Chief Customer Officer)라는 이름으로도 부른다. CRM은 조직 전체의 방향을 고객을 축으로 검토하고 그에 따라 상품·가격·물류·마케팅·점포를 움직여간다. CRM 2.0은 그 목표를 고객가치의 초단기적인 캠페인 성공이나 매출 제고에 두는 대신 좀 더 장기적인 면에서 고객가치를 높이는 것과 고객 베이스, 즉 기업이 가지고 있는 고객의 전체 풀Pool을 우량화하는 데 초점을 둔다.

이를 위해 데이터 분석도 최근 단기간의 고객의 구매내역에 제한하는 대신 고객의 미래가치 또는 잠재력, 구매 및 구매 이외의 종합적인 행동 패턴, 고객에 대한 기업의 커뮤니케이션이나 정책, 조치

등에 대한 반응 민감도 등 폭넓게 이루어진다. 사업 전략 전반의 측면에서, 예를 들어 4Ps 관점에서 방향 결정에 고객에 대한 분석 결과가 사용된다. 어떤 점포가 어떤 고객들로 구성되어 있으며 어떤 유형의 고객들이 늘어나고 어떤 유형의 고객들이 줄어들고 있는가를 분석하여 해당 점포를 어떤 방향으로 운영해가야 할 것인지 점포의 변화 방향을 찾는 것까지도 분석의 범위가 된다.

CRM 1.0에서 DM 중심의 단기 매출 제고 캠페인도 CRM 2.0에서는 장기적인 결과를 위한 것으로 변한다. 미리 정해진 캠페인의 내용에 적합한 대상을 골라내는 방식이 아니라 고객의 유형을 먼저

✔ **용어 설명**

CCO(Chief Customer Officer)
최근 CRM 등 고객을 관리하는 업무를 총괄하기 위해 회사 내에서 총괄적으로 책임지는 중역을 지정하는 경우가 늘고 있으며, 이 경우 이 중역을 CCO로 부른다. 고객과 접하는 부문에는 마케팅·서비스·영업 등 다양한 조직이 포함되기 때문에 이를 조율하고 종합적으로 관리하기 위해 CCO를 둔다.

캠페인 최적화(Campaign Optimization)
고객을 상대로 판매를 촉진하거나 새로운 정보를 제공하는 등의 목적으로 시행되는 캠페인의 종류가 점점 세분화되고 수도 많아지면서 다양한 캠페인들 사이에 대상이 되는 고객이나 담겨있는 메시지가 서로 충돌하거나 중복이 되는 일도 많아진다. 캠페인 최적화는 캠페인들이 적절한 고객에게 적절한 시기에 적절한 내용으로 필요한 만큼만 실행되도록 통제하는 기능 또는 활동을 의미한다.

구분하고 해당하는 고객의 특성에 맞춰 캠페인의 내용을 설정한다. 연간 수백 수천 회에 걸쳐 시행되는 서로 다른 캠페인들 중 유사하거나 관련된 사항들이 정리되고 연결된다. TV의 드라마에 비유한다면 단막극 대신 미니시리즈나 시트콤과 같이 연결된 등장인물과 소재, 주제를 가진 형태로 발전된다. 캠페인 과정에서 고객에게 어필하기 위한 유인도 가격 할인쿠폰이나 감사편지와 같은 초보적인 구애 수준을 넘어서 상호 간의 신뢰와 고객의 편리함·즐거움 등으로 확대된다. 특정한 상황에서 특정한 고객들의 불편을 줄여줌으로써 고객들에게 실질적인 이익이 돌아가도록 한다.

고객 입장에서 기업과 좋은 관계를 지속하려면 그에 어울리는 이유가 있어야 한다. 정서적인 편안함과 같은 것도 이유가 될 수 있을 것이나 좀 더 구체적인 이익이 더 중요할 수도 있다. '나를 알고 요구하는 것을 이해하고 있기에 원하지 않는 정보로 귀찮게 하지 않으리라는 믿음, 내가 좋아하지도 않는 상품을 매출을 높이기 위해 할인쿠폰이라는 순간적인 유혹으로 흔들리게 하지 않으리라는 믿음, 내가 궁금하거나 불편한 부분에 대해 적극적으로 들어주며 해결할 수 있는 방법을 최선을 다해 찾고 바로 해결해주지 못하는 경우라도 대안을 제시해 줄 것이라는 믿음' 등과 같은 것들이 바로 고객들이 원하고 가치를 두는 것들이다.

CRM 1.0에서와 달리 CRM 2.0이 고객에게 제공하고자 하는 것들이 바로 이런 것들이며 이로부터 진정한 '관계'라는 것이 생겨나고 CRM이 성과를 낼 수 있을 것이다. 비록 CRM 2.0이 CRM의 최종본까지는 아닐 수 있겠지만 현재의 CRM에서 한층 업그레이드된 CRM 2.0의 모습은 이러한 진정한 '신뢰 관계의 구축'을 목표로 그 활동을 현실적·체계적·전사적으로 이룰 수 있도록 하는 것이다.

:: 어떻게 CRM 업그레이드 전략을 수립할 것인가?

실제로는 CRM 2.0에 대한 비전이 모든 기업이나 조직에서 같은 모습을 가질 수 없다. 만일 그럴 것이라고 생각한다면 매우 심각한 오해이다. 예를 들어 기업의 업종이나 고객 구성, 시장점유율이 모두 다름에도 불구하고 모든 기업이 동일하게 한 번 구매한 고객을 두 번 구매하도록 하는 것만을 목표로 삼는다는 것은 있어서는 안 될 일이다. 단적으로 같은 백화점 업종에 속하는 기업들끼리도 소위 파레토 법칙으로 불리는 20퍼센트 고객에 해당하는 매출의 비율에 차이가 있다. 그 차이에 따라서 어떤 고객층에 집중해야 할 것인지, 어떤 고객층의 신뢰를 얻는 것을 우선해야 하는가에도 차이가 있어야 할 것이다. 처해있는 상황과 조직의 특성에 따라 구체적으로 각 조직의 CRM 2.0의 모습이 그려져야 한다. 이 때문에 좀 더 큰 그림과 큰 시각을 가지고 자신의 조직이 어떤 상황에 있으며 어떻게 달라져가고 있는지를 살펴보는 것에서 CRM의 업그레이드를 위한 작업을 시작해야 한다.

현재의 CRM에 대한 제대로 된 검토를 위해서는 현재 CRM을 책임지고 있는 책임자가 주도가 되는 것이 오히려 적합하지 않을 수도 있다. CRM 1.0의 문제점과 이슈들에 지친 시각으로는 제한적인 개선 방안들의 집합이 아닌 좀 더 혁신적인 수준의 건설적이고 긍정적인 비전을 그려내기가 어려울 것이기 때문이다. 앞서 이야기했듯이 CRM이 전사적인 범위를 가지도록 하고자 한다면 좀 더 고위층에서 직접 지휘하고 주도하는 것이 필요하다. 만일 단지 바쁘다는 이유만으로 중역이 CRM 2.0을 위해 직접 시간을 낼 수가 없다면 CRM은 그만큼의 중요도나 가능성이 없다고 스스로 단정해버리는 것과 같다.

내용과 형식에서는 CRM 2.0을 그려내는 방법에 정해진 바는 없다. 문제는 자신과 고객들이 모두 원하는 현실적이고 체계적인 방향으로 변화해가는 것이 중요할 뿐이다. 짧게는 한두 달의 시간을 투자해서도 CRM이 업그레이드될 수 있는 방향을 그릴 수 있을 것이다. 내부로 부족하다면 같은 업종에 속하는 다른 기업들을 포함한 외부의 의견을 청취하는 것도 도움이 된다. 동일한 업종에서 겪고 있는 공통적 문제점은 무엇이고 자신만의 고유한 문제점은 무엇인가를 구분하고 비교하면서 자신에게 적합한 방향을 그릴 수 있다. CRM 1.0의 특징이라 할 수 있는 부분 중 하나가 각 업체에 따른 차이가 별로 없다는 것이며 그 때문에 고민하고 있는 문제점도 대동소이하다. 일단 공통적인 문제가 구분되고 나면 그 나머지 부분에서 자신만의 과제가 좀 더 선명하게 보이게 된다.

부분적으로는 이전에 생각하지 못했던 부분에서 CRM을 업그레이드할 기회를 발견해 낼 수도 있다. 신기술의 활용 방안이나 새로운 시도의 성공 사례에서 교훈을 얻기 위해서라면 외부에서 도움을 얻는 것이 유용할 수도 있다. 꼭 거창한 컨설팅 프로젝트를 택하지 않더라도 전문업체들에서 경험이나 정보를 얻을 수 있는 기회는 많다. 이미 CRM과 관련된 많은 전문업체들이 다양한 상황에서 문제점에 봉착하고 해결했던 경험들을 가지고 있다는 점을 최대한 활용할 필요가 있다.

범위나 수준 또는 방법 등 여러 가지가 정해져야 할 필요가 있겠지만 CRM 업그레이드를 위해 가장 중요한 것은 역시 의지와 필요성에 대한 인식이다. 현재의 CRM이 최대의 효과를 내지 못하고 있다면 이를 어떻게든 바꾸는 것이 고객들이 원하는 것이라는 사실을 깨닫고, 이를 실제로 행하기 위해서 조직 내·외부에서 만나게 될 문제점들을 긍정적이고 적극적으로 돌파해가겠다는 의지가 있어야 할 것이다.

02 Customer Relationship Management 2.0

CRM 기획의 문제점

:: CRM에 대한 방향 설정의 구체성과 현실성 부족

모든 업무에서 방향 설정과 기획이 구체적이지 못하면 그만큼 실행에 탄력을 받지 못한다. 수동적으로 흘러가는 대로 상황에 따라 그 순간순간에 대응하는 경우가 많다. 기획이 구체적이지 못하고 허술해지는 이유들 중 한 가지는 기획을 하는 주체가 가진 CRM에 대한 경험과 전문성 부족이다. 자기 조직은 어떤 모습의 CRM을 해야 하는가에 대한 청사진을 막연하게 '재구매를 활성화하고 고객이탈을 방지하며 고객과 관계를 강화한다'는 정도가 아니라 보다 세밀하고 조직의 특성에 맞추어 그려내지 못하는 데에서 비롯된다.

CRM의 경우 주로 접점에서 그 실행이 이루어짐에도 불구하고 기획과정에서는 현장의 참여가 부족하다. 본부 조직이 중심이 되는 데이터 분석 부분을 제외한다면 나머지는 현장을 통해서 수행되는 활동이므로 이에 대해서는 어떤 방향으로 일을 수행해야 하는지에 대해 본부보다는 현장에서 더 많은 실전적 감을 가지고 있을 수 있다. 특히 현장 경험이 없는 인력만으로 CRM 전담 팀이 구성되는 경우에 구체적인 기획을 하지 못하는 경우가 많다.

현장의 경험이 부족한 경우라면 무엇을 해야 할 것인지에 대한 다양한 아이디어가 떠오르지 않을 뿐더러 꼭 해야 할 것이라고 생각한 일에 대해서도 실제로 현장에서 실행 가능한 것인지 고객들이 그에 대해서 어떤 반응을 보일 것인지에 대한 확신도 부족할 수밖에 없다. 이 때문에 CRM 전담 팀을 구성할 때 처음부터 일정비율은 현장 경험을 가진 인력을 포함하는 것이 필요하다. 또 기획 과정에 현장의 생각이 포함되도록 제도화해야 한다.

기획 과정에 CRM 이외의 다른 부문의 참여도 부족하다. 마케팅·영업·서비스 부문의 참여는 필수적이다. 현장이 아닌 본부 부문에도 여러 부서가 존재하지만 CRM에 대한 기획에 오직 CRM 전담 부서 내부 인력들만 참여하게 되는 가장 큰 이유는 부서 간의 협력이 이루어지지 못하기 때문이다. 대표적으로 마케팅과 CRM은 전체 예산을 나누어 쓰는 일종의 경쟁관계를 형성하고 있기에 서로 기획에 참여도 의견 제시도 하지 않고 방치하기 일수이다. 이 경우 매우 편협한 시각에서 CRM에 대한 기획이 이루어질 수밖에 없다.

한편 구체적이고 현장을 비롯한 여러 부문의 의견이 반영된 기획이 이루어질수록 오히려 CRM 측면에서 해야 할 일의 목록, 즉 'to-do-list'가 줄어들 수도 있다. 비현실적이고 타당하지 않은 활동들은 대상에서 미리 제외될 수 있기 때문이다. 나름대로는 의미가 있는 많은 활동 중에 전체적인 우선순위를 비교해보면 상대적으로 우선순위가 낮아서 제외될 수 있는 활동이 드러날 수 있다. 타 부서에서 주도하는 활동을 중복으로 전개하고자 하던 부분들도 제거된다.

> ✏ **CRM 기획 구체성 부족의 주요 원인**
>
> - CRM 기획이 CRM 전담 부서 내부에서만 이루어진다.
> - CRM 전담 부서에 현장 경험이 있는 인력이 부족하다.
> - CRM 전담 부서의 CRM에 대한 이해 수준이 낮다.
> - CRM 이외의 다른 본부 부서들의 시각이 반영되지 못한다.

:: CRM 기획 과정의 업그레이드 방안

CRM 기획의 수준을 높이기 위해서는 CRM에 대한 체계적인 계획이 수립되는 프로세스가 정례적으로 운영되도록 해주어야 하지만 아직까지도 많은 조직들이 정기적이고 진화적인 계획을 체계적으로 세우는 것에 많은 노력을 기울이지 않고 있다.

CRM 기획은 적어도 매년 1회를 단위로 재검토되고 재수립되어야 한다. CRM 활동의 성과에 대한 객관적이고 냉정한 평가도 이루어져야 한다. 여기서 금액적으로 얼마를 투입해서 얼마를 벌었는가를 정확하게 계산해내는 예산 집행의 효율성을 따지고 다음 해의 예산을 수립하는 정도의 수준으로 충분하지 않다. 그보다는 CRM이 수행한 활동들이 조직 전체가 가고자 하는 방향과 얼마나 일치하고 있는가, 어떤 세부 활동들이 고객에게 긍정적인 반응을 얻었는가, CRM을 전개하는 과정에서 어떤 부분에서 추가적인 개선점이 존재하는가를 찾는 것에 목표를 두어야 한다. 그리고 CRM 측면의 활동과 다른 부문의 활동들 사이에 적절한 연계가 이루어지지 못한 부분을 파악하는 것도 중요하다. 통상 조직이 사용할 수 있는 자원에는 제한이 있다는 점을 생각하면 여기서도 어떤 CRM 활동을 선택하고 집중하는가가 중요해진다.

CRM 기획의 내용은 향후 1년간 수행되어야 할 단기적인 과제와 수년간을 내다보는 장기적인 과제로 구분해서 각각 정리되어야 한다. 현재의 CRM 체제가 정비되고 크게 달라져야 하는 시기를 미리 파악해두는 것도 CRM 기획 과정에서 얻어야 할 중요한 결과물 중 하나이다.

또한 좋은 기획을 위해서는 사전에 주기적인 평가가 이루어져야 한다. 일 년을 단위로 기획이 새로 이루어지는 경우라면 적어도 매 분기를 단위로 활동 결과를 정리하는 작업이 미리 이루어져야만 연말의 기획 시점에 새로운 기획을 위해 활용할 수 있는 자료가 마련된다. CRM은 CRM이라는 이름을 가진 전담 팀만의 업무가 아니다. 마케팅·서비스·영업 등 고객과 접하는 전체 영역에서 CRM이 이루어지므로 그 성과에 대해서도 전체 접점 영역에서 활동한 결과라는 관점에서 종합적으로 판단되어야 한다.

현재의 CRM 기획 과정을 업그레이드하면서 무엇보다 중요한 키워드는 '전사적 관점'의 반영이다. CRM에 대한 방향 설정 결과가 그들만의 CRM이 되는 경우가 매우 흔하며 이 때문에 조직 전체가 CRM에 동의하거나 협력하지 않고 결과적으로 CRM이 성과를 내지 못하거나 설사 성과를 만들어내는 경우조차도 조직 내에서 평가절하되는 경우가 많다.

:: CRM 전략 수립의 필요성

의외로 CRM에 대한 장기적인 청사진을 만들어두지 않고 CRM이 실행되는 경우가 많다. 2년, 3년 후를 내다보는 공식적이고 구체적인 절차가 생략된 채 CRM이 도입되고 매년 한 해 동안 무엇을 할 것인지를 중심으로 CRM이 운영된다. 이렇게 되면 시간이 걸리는 작업에 대해 단계적으로 준비해나가는 것이 불가능하다. 대표적으로 CRM 수행에 필요한 인력의 양성 및 확보와 같은 부분에서 큰 문제가 생긴다.

따라서 적어도 수년에 한 번은 자사에 어울리는 CRM 방향을 수립하는 과정에 일정시간을 집중적으로 투자하는 작업이 이루어져야 한다. 물론 한 번 수립된 전략이 십년 이상을 그대로 유지되는 것도 적절하지 않다. 어느 정도 자사의 특성을 반영하고 구체성을 담고 있는 CRM 전략이라면 수년의 시간이 흐름에 따라서 재정비되어야 할 필요성이 생긴다.

십 년이면 강산이 변한다는 말이 있듯 기업이 처한 환경은 몇 년 내에 크게 달라질 수 있다. 십 년 정도의 시간이면 시장점유율 2위의 기업이 시장점유율 1위 또는 3위에 있을 가능성도 크다. 데이터베이스에 등록된 고객의 수도 50퍼센트 이상 증가했을 수 있다. CRM 기반 구조로 구축했던 시스템이 노후화되거나 용량이 부족해졌을 수도 있다. 수년 전에는 주력 상품군이었던 부분들이 기술과 시장의 변화로 인해 주력의 범위에서 빠졌을 수도 있다. 주된 고객층도 달라질 수 있다.

　'전략'이라는 이름이 다소 거창하게 느껴진다면 그 이름은 '중기 계획' 정도의 좀 더 받아들이기 쉬운 것이어도 문제되지 않는다. 중요한 것은 몇 달 내로 추진하고 완료될 수 없는 성격의 CRM 관련 활동과 투자 등에 대해 목표와 계획을 정리하고 해야 할 일들 사이의 우선순위를 설정하는 것이다.

　전략 수립이라는 거창한 작업을 독자적으로 수행할 수 있을 정도의 인력 풀을 내부에 가지고 있지 않다면 외부의 전문인력들의 도움을 받는 것도 필요한 방법이다. 다만, 외부에 통째로 맡기면 알아서 적절한 전략 방향을 제시해줄 것이라는 식의 안일한 발상은 문제가 된다. 실제로 전략 수립이라는 과정을 외부에만 전적으로 맡겼던 많은 기업들이 그 결과에 만족하지 못했던 경험들을 가지고 있다. 조직의 특성, 특히 조직이 받아들일 수 없는 제약 사항에 대한 고민도 반영되지 못하고 구체적이지도 않고 현실적이지도 않은 방향만을 남기는 작업이 된 경우가 허다했다.

다음의 그림은 매년을 단위로 수행되는 CRM 기획과 수년에 한 번씩의 전략 재수립을 연결시켜 운영하는 프로세스 흐름의 예를 보여준다. 이 프로세스에서는 매 분기 단위로 결과 검토가 이루어지고 연간 단위로 다음 해에 대한 기획이 이루어진다. 수년에 한 번의 전략 재수립 작업은 시대와 환경이 달라짐을 반영해 CRM의 중기적인 방향성을 전사적 관점에서 정비한다. 이와 같이 반복적으로 기획과 점검의 과정이 지속되면 CRM에 대한 방향 설정은 진화적으로 고도화되어 가게 된다.

[그림] CRM 기획 프로세스

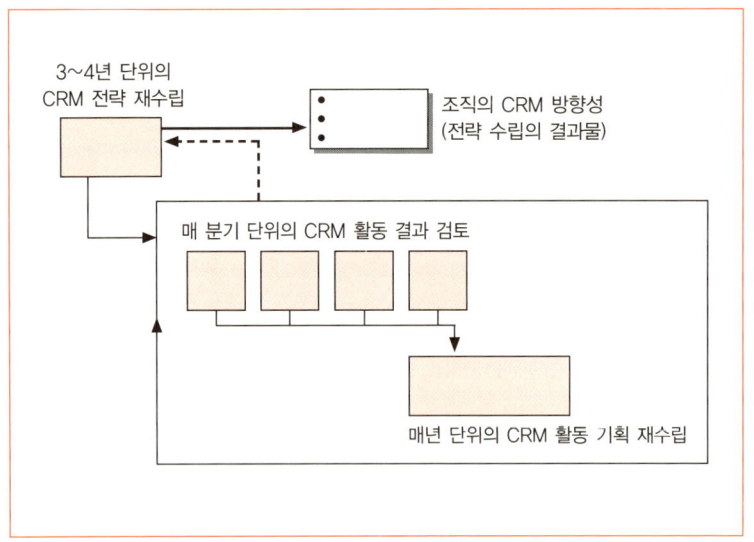

03 Customer Relationship Management 2.0
타깃마케팅과 캠페인

:: 타깃마케팅이 기대만큼의 성과를 내지 못하는 이유는?

　타깃마케팅은 CRM보다도 더 오래 전에 등장한 이야기이다. 오래 전에 읽었던 《Targeting for Success》라는 제목의 타깃마케팅에 대한 책이 1993년에 나왔으니 그보다도 훨씬 오래 전에 이야기되기 시작했을 것이다. 타깃마케팅은 학문적으로 정립된 공식적인 개념이 아니니 정확한 의미를 이야기하기 어렵겠지만 대략 고객을 세분화하고, 세분화된 여러 집단 중에서 특정한 집단을 골라서 마케팅을 집중하는 것을 말한다고 할 수 있다.

　타깃마케팅이 특히 관심을 받기 시작한 것은 CRM이라고 지금 부르고 있는 것이 시작되면서부터인 것 같다. 이전에 CRM이 데이터베이스마케팅으로 더 많이 알려져 있던 즈음부터 데이터베이스를 활용해 고객을 세분화하고 중요한 집단을 골라서 마케팅을 하는 것이 확산되었다. 이때부터의 데이터베이스마케팅 혹은 CRM의 구버전을 타깃마케팅으로 불러도 무방할 것 같다. 오늘날에도 지엽적인 부분을 빼고 생각해보면 CRM에서 실제로는 핵심이 되는 부분이 타깃을 골라서 마케팅 캠페인을 하는 것이다. 그런데도 의미나 구분도 명확하지 않은 이 캠페인이라고 하는 타깃마케팅이 CRM의 가시적 성과를 내는 데 대부분의 책임을 떠맡고 있다.

먼저 백화점과 같은 유통업의 예를 통해 타깃마케팅의 전형적인 사례를 생각해보자. 백화점은 통상 신용카드 형태의 회원카드를 이용하여 고객들의 구매이력을 기록에 남긴다. 고객들의 구매내역을 기초로 많은 구매를 한 고객들에 대해서 구매금액의 일정부분에 해당하는 선물이나 포인트 적립, 무이자 할부 등의 혜택을 준다. 이러한 혜택 때문에 고객들은 회원카드에 가입하고 사용한다. 백화점은 그 결과로 각각의 고객들이 무엇을 얼마나 구매했는가와 같은 행동패턴에 대한 정보를 얻는다. 이 정보를 데이터베이스에 저장하고 분석하게 되면 백화점은 어떤 고객들이 무엇을 좋아하는지, 어떤 고객이 얼마나 구매하는지를 파악할 수 있다. 회원카드가 없이 영수증을 발행하기 위한 POS만으로는 얻을 수 없는 정보이다.

이렇게 확보된 고객에 대한 정보를 바탕으로 백화점은 각각의 고객에 대해서 특정한 마케팅 활동을 직접 행할 수가 있게 된다. 세일 행사에 오도록 화장품에 대한 DM을 보내거나 명절 선물세트를 구매하라고 카탈로그를 보내줄 수 있다. DM이든 카탈로그이든 이와 같이 마케팅 측면의 캠페인을 하기 위해서는 비용이 발생되기 때문에 모든 고객을 대상으로 할 수가 없다. 구매 가능성이 높고 한 번 구매하더라도 구매금액이 클 것으로 생각되는 고객을 선별해야만 비용에 대비해 큰 효과를 얻을 수 있다. 이와 같이 고객의 전체 리스트에서 집단들을 구분하고 특정한 집단에 대해서만 선별적인 마케팅을 하기에 타깃마케팅이라 볼 수 있다.

기본적으로 타깃마케팅은 필요한 존재이다. 선물세트에 관심 있을 고객에게는 선물세트만, 화장품에 관심 있을 고객에게는 화장품만 이야기하면 되기 때문이다. 모든 고객이 화장품에 또는 모든 고객이 선물세트에 관심 있는 것이 아닐 수 있기 때문이다. 그러나 현실에서 큰 문제점을 두 가지 짚는다면, 첫째로 타깃마케팅이 반응률(또는 캠페인 성공률)을 높이는 데만 주로 초점을 두고 있다는 것과 둘째로 반응률을 많이 높이지도 못하고 있다는 것을 고를 수 있다.

예를 들어 화장품 관련된 내용의 DM을 보냈는데 해당 고객이 백화점에 와서 의류만 샀다고 생각해보면 반응을 한 것으로도 안 한 것으로도 판단할 수 있다. 화장품에 대한 DM이었으므로 화장품이 아니면 반응이 아닐 수도 있고 여하간 백화점에서 구매는 있었으니 반응이라 볼 수도 있다. 화장품으로 반응을 판단하는 기준을 제한할지 여부보다 더 중요한 문제는 화장품을 구매했더라도 어차피 살 사람이 와서 산 것이 아닌가 하는 부분이다. 만일 어차피 살 때도 되었고 살 마음도 있었던 고객이 산 것이라면 구태여 돈을 들여서 DM

을 보내지 않았어도 되는 것 아니었는가 하는 점이다.

또 반응률은 높게 나타나더라도 구매금액으로 보면 작은 경우도, 반응률이 높지 못한 점도 큰 문제가 된다. DM을 보내도 반응률이 10퍼센트를 넘지 못하는 경우가 흔하다. 말을 바꾸면 타깃마케팅 과정에서 캠페인 대상에 대한 타게팅이 정확하지 않다는 말이다. 즉, 올 가능성이 매우 높지 않음에도 DM을 보낸다는 것인데 그 이유는 데이터베이스 자체가 부실하거나, 분석하는 과정을 제대로 하지 못했기 때문일 것이다.

마케팅 성과를 반응률만으로 판단하고자 했다는 점과 반응률을 높이지 못했다는 점 두 가지는 결국 타깃마케팅에 들어가는 비용에 비해서 얻는 효과가 크지 못한 결과로 연결된다. 제한적인 수준의 정확도를 가진 분석 결과를 사용하면서 반응률만 높이고자 한다면

[그림] 백화점의 화장품 타깃마케팅 캠페인 예

항목	값	비고
백화점 전체 고객 수	100만 명	
구매 확률 50% 이상 고객 수	500명	전체 고객의 0.05%
DM 캠페인 대상 수	500명	
고객 1인당 캠페인 비용	1000원	
캠페인 반응 고객 수	250명	500명 × 50%
1인당 구매액	10만 원	
캠페인 반응 구매액	2500만 원	250명 × 10만 원

DM을 보낼 대상을 가능성이 극히 높다고 판단되는 쪽으로만 좁히는 식의 방안은 있다. 그러나 이렇게 되면 100만 명의 고객을 가진 백화점에서 한 번의 캠페인에 대상을 1000명 내지는 500명밖에 뽑을 수 없는 문제가 생긴다. 500명이 모두 구매하고 한 번에 10만 원씩 구매한다고 봐도 매출액 5000만 원에 그치는 사소한 일이 되어버린다. 한 달에 한 백화점이 열 번을 캠페인 해봐야 매출액이 5억 원에 그치며 그 중에서도 대부분은 캠페인을 했든 안 했든 구매했을 사람들이라고 보면 타깃마케팅 또는 캠페인이라는 거창한 제목이 무색한 결과가 되어버리고 만다.

:: 단기적인 성과에만 집착하는 시각의 변화 필요성

DM이나 SMS, 이메일 등 아웃바운드 타깃마케팅을 진행하면서 가장 잘못된 기대는 바로 무언가를 고객에게 보내면 당장 이번 주의 매출이 증가할 것이라고 생각하는 부분이다. 실제로 한 고객이 DM을 받는 경우 꼭 이번 주가 아닌 다음 주의 구매에도 영향을 준다. 2주 후 또는 한 달 후의 구매에도 영향이 있다. 구매여부뿐만 아니라 무엇을 구매하는가에도 영향을 미친다. 또 당장 구매를 하지는 않더라도 다음 구매에서 금액이 커질 수도 있다.

그러나 DM을 보내고 캠페인을 하는 기업의 입장에서는 당장의 성과에만 집착한다. 겨우 한 달 뒤의 매출이라고 본다면 아득한 미래의 일도 아니다. 그럼에도 오늘, 이번 주, 이번 달만을 관심에 둔다. 그러다 보니 최근에 많이 구매했던 사람에게 당장 사라고 캠페인을 통해 이야기하고 당장 사는 결과가 나오지 않으면 성공하지 못했다는 판단을 해버린다.

매번의 캠페인이 이와 같은 시각에서 진행되기 때문에 내용이나 형식 자체도 좀 더 긴 시간을 통해 고객과의 신뢰를 바탕으로 한 관계를 차근차근 발전시키는 방향으로는 나아가지 못하게 된다. 당장의 성과를 위해서는 DM 한 장뿐 아니라 좀 더 고객이 솔깃할 수 있는 사은품이나 경품 또는 가격 할인을 내세울 수밖에 없게 된다. 그 결과는 지속적인 원가 상승으로 연결되고 캠페인을 할수록 또 캠페인에서 반응률이 높아질수록 수익성은 나빠지게 된다.

이와 같은 문제는 전체 타깃마케팅, 나아가서는 CRM 전체를 부실화시킨다. 안타까운 점은 회사를 책임지는 경영진부터가 이에 관해 잘못된 생각을 가지고 있다는 점이다. 경영진이 앞장서서 '경쟁이 치열해지고 소비심리가 위축되는 상황이니 CRM을 하든 무엇을 하든 실적을 높이라'고 조이기만 한다면 CRM이 제 모습을 찾는 것을 도저히 용납하지 않겠다는 결연한 의지를 보이는 것과 다를 바 없다. 실제로 업종을 막론하고 CRM을 도입하여 행하는 많은 기업에서 경영진들의 이런 모습을 볼 수 있다. 당장의 매출을 가시적으로 올려내거나 올려내었다고 입증하는 자료를 내놓지 못하면 CRM 활동 자체의 가치를 통째로 평가절하해 버리기 일쑤다. 이들은 CRM이 가전제품대리점이나 주유소 입구에 서있는 호객용 풍선이나 댄서들과 같은 수준이라고 여기는지도 모른다. 왜 CRM을 하고자 하는지, CRM을 통해서 어떤 결과를 얻고자 하는 것인지에 대한 근본적인 이해가 부족하다고 밖에는 볼 수가 없다.

  성과를 내는 것이 중요하다는 것은 재론의 여지가 없는 부분이다. 그것이 CRM이든 SCM이든 무엇이든 노력과 비용이 들어가는 것이므로 당연히 성과를 내어야 한다. 일방적으로 고객의 편의만을 제공하는 것도 바람직하지 않다는 점에도 동의한다. 다만, 그 결과가 분기 또는 반년, 일 년의 어찌 보면 그리 길지 않은 시간 안에서만 나와줄 수 있는 것이라면 그에 대해 투자는 합당하다. 그렇게 하지 않고서는 '관계'라고 부르는 것은 싹이 틀 수가 없기 때문이다.

  단골이며 우호적인 관계를 이미 가지고 있었던 고객이더라도 매주 한 번씩 일 년 내내 무언가를 사라고만 한다면, 그리고 이번에 사면 깎아주겠다고 한다면 '신뢰'라는 것이 생겨날 수 있겠는가. 고객들은 "거짓말쟁이 장사꾼들……"이라고만 느낄 것이다. 반대로 고객을 위해 전에는 판매하지 않았던, 고객이 좋아할 만한 상품을 새로 찾아냈고 그 상품이 어떤 상품이라는 안내를 해주거나 이미 구매한 상품에 대해 어떻게 사용하는 것이 현명한 사용법이라고 고객에게 정보를 제공해줄 수 있는 업체라면 점점 더 크게 신뢰도 생길 것이고 어차피 어디선가 상품을 사야 한다면 신뢰가 가는 곳에서 구매하겠다는 생각이 들지 않겠는가.

  CRM이 바라는 캠페인의 모습은 고객과의 신뢰를 구축하는 것이지, 샀는가 사지 않았는가 그것도 당장 이번 주에 샀는가 여부만을 가지고 평가되는 분위기에서는 만들어지지 못한다.

:: 캠페인의 대상을 정하는 방식에서 고객의 요구에 맞추는 방식으로

지금의 캠페인들이 가진 또 다른 큰 문제로 메시지가 천편일률적이라는 점도 무시할 수 없다. 천편일률적이라는 의미는 너무 많은 수의 고객들에게 동일한 메시지가 동일한 형식으로 전달된다는 것이다. 고객이 남성이든 여성이든 회사원이든 학생이든 화장품을 주로 구매하든 보석을 주로 구매하든, 최근에는 구매가 급격히 잦아졌든 아니면 그 반대이든 아무런 차이를 두지 않은 메시지라면 고객들은 흥미도 관심도 보일 수 없을 것이다. 미국의 한 조사 결과에서는 어떤 메시지를 전달하는가가 캠페인 성공에 영향을 미치는 정도가 1/3을 넘는다고까지 한다.

DM이나 SMS를 사용한 캠페인에 수반되는 혜택의 경우에도 어떤 고객은 사은품으로 머그컵을 좋아할 수도 1000원 할인을 좋아할 수도 있다. 이러한 차이를 전혀 고려하지 않은 캠페인은 반응률도 낮을 수밖에 없다. 신사복에 대한 캠페인에서도 나이가 많은 고객과 젊은 20대 직장인에게 동일한 브랜드의 상품 사진이 실린 내용이 전달된다면 전반적으로 낮은 관심을 받을 수밖에 없다.

이러한 문제의 근저에는 캠페인의 종류나 수는 적고 한 캠페인의 대상자 수는 많다는 점이 영향을 준다. 100만 명의 고객에게 오직 두 종류의 캠페인만이 시행된다면 캠페인의 대상 고객이 총 10만 명이라고 하더라도 5만 명씩의 고객에게 전혀 차이 없는 동일한 내용이 전달될 수밖에 없기 때문이다. 이 경우에는 두 종류의 캠페인과 딱 맞아 떨어지는 고객으로 대상을 한정하면 대상이 몇 천 명으로 줄어들지도 모른다. 캠페인을 여러 종류로 할 수 없으니 먼저 캠페인이 정해지고 그에 맞는 대상이 골라지는 방식이 된다. 그러나 이런 수준으로는 고객들의 그 다양한 요구나 취향에 맞추기 어렵다. 결국 종류는 많아지게 하고 캠페인 하나당 해당되는 고객들은 소수가 되도록 하는 매스커스터마이제이션 Mass Customization이 이루어지지 않고서는 문제가 해결되지 않는다.

✔ 용어 설명

매스커스터마이제이션 Mass Customization :
대량을 의미하는 mass와 맞춤을 의미하는 customization의 합성어로 '다품종 대량생산'으로 번역된다. 고객들이 가진 다양한 요구에 맞추어 다양한 상품과 서비스를 만들어내면서도 원가를 낮추어 고객들에게 높은 가격을 받지 않을 수 있도록 하는 생산 방식을 의미한다.

영국을 기반으로 세계적으로 점포를 두고 있는 유통업체 '테스코'는 자사의 회원으로 등록된 거의 대부분의 고객들에게 상품 할인쿠폰을 보내면서 수십 종 이상으로 세분화하여 각 고객에게 적합한 조합을 찾아 보내주고 있다. 와인을 구매하는 고객과 맥주를 구매하는 고객, 저가 기저귀를 사용하는 고객과 테스코의 자사 브랜드 상품을 구매하는 고객에게 서로 다른 할인쿠폰을 보내 마케팅을 한다. 이러한 방식이 가능한 것은 처음부터 다양한 고객의 요구에 맞출 수 있도록 기반이 구축되어 있기 때문이다. 통상 한 종류의 캠페인을 시행하는 데 들어가는 대상자 1인당 비용은 대상자의 수가 증가하게 되면 감소하는 구조를 가지고 있다.

예를 들어 같은 인쇄물 100만 부를 동일하게 제작한다면 단가가 1000원이지만 200만 부 제작 시에는 600원으로 낮아질 수 있다는 것이다. 하지만 테스코는 DM 인쇄물을 고객별로 인쇄할 수 있도록 데이터베이스와 프린팅이 시스템에 따라 자동적으로 연계되도록 하여 할인쿠폰의 수백, 수천만 종 다양한 조합이 존재하더라도 비용이 크게 늘어나지 않는 구조를 사용한다.

이처럼 처음부터 고객의 요구에 맞추는 방식이 되려면 실제로 그것이 가능할 수 있도록 하는 기반이 미리 조성되어 있어야 한다. 효과적인 동시에 효율적이어야 한다. 여기서 한 가지 어찌 보면 상식적이지 않을 수 있는 부분이 존재한다.

예를 들어 한 대형 할인점에서 500만 명의 고객을 상대로 해서 궁극적으로는 개별적으로 각 고객에게 적합한 형태로 캠페인을 전개해 나가고자 한다면 처음에는 캠페인의 종류를 한 가지로 하다가 단계적으로 10가지, 50가지, 100가지로 늘여가는 것이 합리적일 것처럼 보인다.

그러나 10가지나 50가지 정도로 하는 경우에는 초기 구축비용을 확보할 수 없어서 자동화된 시스템의 구축이 불가능하고 적어도 100가지 이상의 수준으로 다양화하는 경우에만 비용 대비 효과성을 얻을 수 있는 경우가 있을 수 있다. 100가지가 넘어선 이후부터는 그 종류가 1000가지로 늘어나든 만 가지로 늘어나든 비용에 거의 차이가 없을 수 있다. 캠페인의 종류뿐 아니라 반복되는 횟수에서도 연간 수십 회가 수백 회가 되는 것이 아니라 연간 수천 또는 수만 회의 캠페인이 이루어져야만 효과성이 보장될 수도 있다. 이러한 의외의 측면 때문에 편안하고 안정적인 '개선'이 아니라 '혁신'이라는 근본적이고 총체적인 변화가 '겨우 DM이나 보내는 것에 불과한' 캠페인 내지는 타깃마케팅 활동에 절실하게 요구된다.

PART 03

분석과 통찰력

01 예측에 따른 경영
02 고객 세분화 활용
03 고객가치의 산출 및 활용
04 고객 분석과 사업 전략의 연결

01 Customer Relationship Management 2.0

예측에 따른 경영

:: 미래에 대한 불확실성과 예측

저녁 9시에 하는 뉴스에서 절대로 빠지지 않는 코너가 일기예보이다. 보통 내일의 날씨와 다음 며칠간의 주간 날씨를 알려준다. 사람들은 이를 참고하여 다음날 입을 옷을 정하고 우산을 가지고 나갈지 자기 자동차를 이용할지, 대중교통을 이용할 것인지를 정한다. 또한 며칠 뒤의 날씨를 참고하여 주말의 외출 계획을 정한다. 물론 일기예보는 100퍼센트 정확하지는 않다. 때로는 일기예보가 정확하지 않아 불필요하게 들고 다니던 우산을 한 번 펴보지도 못하고 그대로 집에 가지고 오면서 불평하기도 한다. 그럼에도 다시 일기예보에 눈과 귀가 쏠린다.

일기예보의 예에서와 같이 거의 모든 인간의 생활에 그리고 업무에 예측이 일상적으로 사용된다. 기업이라면 내년의 매출, 내년의 경기 등에 대해 예측하고 이를 바탕으로 몇 사람을 새로 뽑을 것인지, 새로운 공장을 지을지 등을 결정한다. 때로는 예측이라는 이름 대신 전망치라고도 하고 가정이라고 하기도 하지만 이름이야 무엇이 되었든 이와 같이 미래에 어떤 일이 벌어질지를 미리 판단한 것을 바탕으로 앞으로 어떤 일을 언제 할 것인지를 계획한다.

이처럼 모든 일에 예측이 일상적으로 사용되고 있음에도 유독 개별 고객에 대한 관리에서는 예측치를 사용하는 데 보수적인 태도를 유지하는 경우가 많다. 어떻게 예측치를 믿고 고객을 응대할 수 있는가라는 의외의 질문을 한다. 사실 100퍼센트 정확한 예측은 불가능하다. 일기예보의 예에서도 갑작스런 폭설이나 소나기를 예측하지 못하는 경우는 허다하다. 예보에서와 달리 그다지 날씨가 덥지 않거나 춥지 않은 날도 있다. 하지만 그런데도 대개의 예측은 예측이 없는 경우에 비해 유용한 정보를 제공한다는 점은 분명하며 예측이 없다면 앞으로 해야 할 일에 대한 계획이라는 것을 세우는 것 자체가 불가능해진다.

운동경기의 예를 생각해보면 예측이라는 것이 얼마나 가치 있는 것인가를 쉽게 알 수 있다. 동네축구에서는 어딘가에 공이 있으면 모두가 그곳을 향해 뛰어간다. 하지만 프리미어리그에서와 같은 프로경기의 선수들은 공이 갈 곳을 향해 뛴다. 야구에서도 타자는 투수가 던진 공이 홈플레이트에 도달하고 나서 배트를 휘둘러서는 공을 맞출 수 없다. 투수가 던진 공이 변화구일지 직구일지를 미리 예상한 후 변화구의 변화 방향과 각도까지도 미리 예상하고 스윙한다. 예상한 공이 타자가 치기 어려운 방향이라면 스윙조차 하지 않는 것을 선택할 수도 있다. 물론 야구에서 이와 같은 예상이 정확하여 공을 제대로 칠 확률은 10퍼센트를 넘지 못한다. 하지만 아무런 예상도 없다면 공을 칠 수 있는 가능성은 그보다도 더 못할 수밖에 없기에 예상을 하는 것이다.

[그림] 스포츠 경기에서의 예측에 따른 움직임

운동경기에서 좋은 성적을 내는 선수들은 상대의 움직임을 예측하고 그것을 바탕으로 확률적인 선택을 한다. 모든 면에서 잘하려 하는 대신 확률이 높은 부분에만 집중하여 성과를 높인다. 어쩌면 경영활동에서 예측은 운동경기에서 예측보다 더 중요할 수 있다. 고객들이 새로운 제품에 어떤 반응을 보일 것인지를 미리 예상하지 못한다면 거금을 투자해 개발한 신제품이 고객들의 요구와 일치하지 못하고 이를 개발하기 위해 투자했던 많은 비용과 노력이 물거품이 될 수 있다. 새로운 판촉 프로그램을 개발해도 어떤 고객들이 이에 민감하게 반응해 줄지를 모른다면 성공하기 어렵다. 가격을 인상할 시점을 정한다거나 새로운 점포를 개설하는 것도 마찬가지이다. 이처럼 고객들도 변하고 시장도 변하기 때문에 미래에 어떤 상황이 될 것인지를 예상하지 못하고는 경영활동이 성공하기 어렵다. 꼭 100퍼센트 정확하지는 않다고 하더라도 어느 정도라도 변화를 캐치할 수 있다면 그것을 믿고 움직여야만 한다.

:: 예측의 내용 : 무엇을 예측하여야 하는가

일상생활에서도 모든 면에서 예측이 필요한 것처럼 경영활동에서도 어느 분야에나 예측은 필요하다. CRM에서도 예측이 필요한 것은 당연하다. 그렇다면 CRM에서는 어떤 내용들에 대한 예측이 필요할 것인가? 우선적으로 예측이 필요한 사항들을 들어보면 고객의 구매, 구매에서 얻어질 이익 또는 가치, 각종 판촉 프로그램 등에 대한 고객의 반응 여부 등이 될 것이다. 고객의 상태에 대한 예측도 유용하다.

　CRM에서는 고객 개개인의 특성과 고객과 기업 간의 관계가 중요하므로 가장 먼저 각 고객들의 구매에 대한 예측이 이루어져야 한다. 즉, 어느 고객이 언제 어디서 무엇을 얼마나 구매할 것인가를 미리 알아야 한다. 구매에 대한 예측을 바탕으로 그 구매에서 미래에 어느 정도의 가치를 줄 것인지를 예측하고 어떤 프로모션을 하면 반응할지도 이어서 예측하게 된다. 이러한 예측을 바탕으로 고객을 어떻게 관리할 것인지, 좀 더 구체적으로 이야기한다면 어떤 프로모션에 고객을 대상으로 포함시킬 것인지의 여부와 같은 '관리' 방법을 결정할 수 있다.

　고객의 가치에 관해서도 과거의 가치에 대해서는 관심들을 기울이고 있지만 미래의 가치에 대해서는 충분한 관심들을 기울이지 않는다. 정작 과거에 고객이 주었던 가치는 이미 지나간 일이고 앞으로 줄 가치가 중요하다는 점이 간과되고 있는 것은 큰 문제이다.
　과거에 큰 가치를 제공했던 고객이 아니라 앞으로 많은 가치를 줄 수 있을 것으로 예상되는 고객에게 집중해서 고객관리 활동이 이루어지는 것이 합리적이기 때문이다. 또 고객의 구매 측면의 변화뿐 아니라 기본적인 고객의 상태의 변화에 대해서도 예측이 필요할 수 있다. 고객이 이사를 할 것인지, 소득이 줄어들 것인지, 유학을 가거나 군에 갈 것인지, 또는 결혼을 할 것인지 등을 예측할 수 있다면 고객과 커뮤니케이션이 보다 정교해질 수 있다. 자녀가 초등학교나 중학교에 입학하는 시점에 맞추어 이사를 하는 경우가 많다면 이사로 인해 고객의 구매 패턴이 달라질 수도 있다. 결혼을 하거나 군에 가거나 한다면 구매가 대폭 증가하거나 완전히 사라지거나 할 수도 있다. 이런 경우에는 고객과 커뮤니케이션을 일시적으로 또는 완전히 중단하거나 또는 새로운 방식의 커뮤니케이션을 시도하는 것이 필요하다.

예측을 위해서는 다양한 방법들이 사용되지만 그중 예측모델링이라는 방법이 가장 기본이 된다. 예측모델링은 과거의 상태와 미래의 상태 간에 반복적으로 나타나는 패턴을 찾아서 모델로 만들고 난 후 새로운 상태가 어떤 것인가를 바탕으로 그 이후에는 어떤 일이 벌어질 것인가를 예상하는 방식으로 이루어진다.

다음 그림은 고객별 이탈 가능성을 모델로 만드는 예이다. 고객 데이터베이스에서 일정기간의 고객 행동과 그 이후의 고객 이탈 여부라는 결과 간에 반복적으로 나타나는 패턴을 찾아 모델을 만들고, 그 패턴을 최근의 고객 행동에 적용하여 미래의 3개월 내에 고

[그림] 예측모델링의 원리

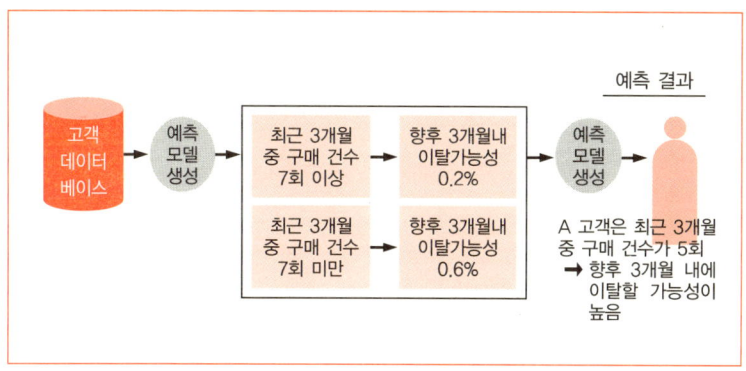

객이 이탈할 가능성을 예상하는 방식이다. 같은 원리를 이용해서 고객이 특정 기간 중에 구매할 가능성, 구매가 감소할 가능성, 특정한 품목을 구매할 가능성 등 여러 가지 주제에 대한 예측모델을 만들어 사용할 수 있다.

이와 같은 예측모델링은 대개 구매한다, 아니다와 같은 이분법적인 결과에 대한 가능성을 수치화하는 방식이 되지만 데이터 마이닝은 좀 더 다양한 형식의 결과를 생성한다. 참고로 예측모델링은 데이터 마이닝의 일부로 여겨지기도 한다.

예측모델링은 CRM이 등장하던 시절부터 보급되고 확산되어 왔으나 그 대상 주제가 아직까지도 구매 가능성 또는 이탈 가능성을 예측하는 것에 머물고 있는 경우가 많다. 최근에는 데이터 마이닝과 시뮬레이션 등을 예측모델링과 결합하여 좀 더 다양한 형식과 내용의 예측치를 만들어내려는 노력이 늘어가고 있다.

예를 들면 시뮬레이션을 통해 어떤 고객관리 활동을 하면 어떤 결과를 얻게 될 것인지를 미리 예상할 수 있고('What-if 분석'이라고도 한다), 최적화를 통해 프로모션의 투자 대비 효과 ROI를 최대로 하

> ✔ **용어 설명**
>
> **데이터 마이닝Data Mining :**
> 대량의 데이터베이스에 축적된 데이터를 분석하여 그 안에 숨겨져 있던 유용한 패턴과 지식을 찾아내는 분석 활동을 폭넓게 부르는 이름이다. 변화를 예측하거나 상관 관계를 찾아내거나 집단을 나누는 등의 기능을 주로 수행한다.

기 위한 프로모션 대상을 결정할 수도 있다. 고객들의 구매에 존재하는 타이밍과 순서에 대한 규칙을 발견하여, 즉 어떤 고객이 어떤 상품을 먼저 구매할 것인지를 알아내어, 어떤 내용의 마케팅 오퍼를 그 고객에게 먼저 던질 것인지를 결정하는 방식도 있다.

미국의 통신판매업체인 '핑거헛'에서는 메일스트림Mail Stream 최적화를 위해 예측모델링과 최적화 시스템을 결합하여 적용한 시스템을 구축하였다. 통신판매업계에서는 카탈로그 등을 발송했을 때 각 고객이 그 카탈로그에서 구매를 할 가능성을 예측하는 정도는 이미 널리 사용되고 있다. 핑거헛은 여기에서 진일보하여 고객의 가치를 극대화할 수 있도록 카탈로그를 발송하는 순서를 결정하는 시스템을 구축한 것이다. 핑거헛의 시스템에서는 먼저 고객의 구매가능성과 예상되는 구매금액, 반품 가능성 등을 예측모델링을 통해 예측한 후 평균적인 제품 원가와 광고 등이 마케팅 비용을 결합하여 최종적으로 고객별 예상이익점수를 산출한다.

각 고객이 각 카탈로그를 받았을 경우 제공할 것으로 예상되는 이익을 나타내는 점수이다. 고객별 예상이익점수는 포화Saturation 매트릭스와 결합되어 최적화로 이어진다. 이 시스템은 어떤 고객이 어떤 카탈로그를 언제 받는 것이 고객의 가치를 최대로 하는가를 파악하며, 반대 측면에서 어떤 카탈로그는 받지 않아도 되는가를 알려주는 것이다. 그 과정에서는 어떤 카탈로그와 어떤 카탈로그 사이에 카니발라이제이션Cannibalization, 즉 이익이 상충하는 관계가 존재하는가도 고려된다

:: 예측에 따른 고객중심경영의 조건

고객은 과거에 구매하는 것이 아니라 현재 또는 미래에 구매한다. 과거에 이미 이루어진 구매는 지금 우리가 어떻게 움직인다고 해도 달라질 수 없다.

우리는 미래의 활동에 대해서만 계획을 변경해서 대응할 수가 있다. 작전을 바꾸어서 효과를 얻을 수 있는 것은 미래의 기간에서만 가능하다. 물론 그 예측이 얼마나 정확한가 또 예측이 얼마나 필요한 내용을 충분히 담고 있는가에 따라서 얼마나 성공적으로 고객에게 대응할 수 있는가가 결정되기는 하겠지만 예측을 바탕으로 하지 않고서는 고객관리가 제대로 이루어지는 것이 근본적으로 불가능할 수 있다. CRM 활동에 대한 계획을 새로이 세우고 그 계획이 실행되기 위해서는 최소 일주일 대략 수주일 이상의 시간이 걸린다는 점을 생각하면 적어도 한 달 이후의 활동에 대해서 사전에 계획을 세워야 하므로 한 달 이후의 미래에 대해 예측치를 가지고 있어야 한다.

이처럼 예측이 이루어져야 한다는 것이 너무도 당연하고 필수적인 것임에도 불구하고 아직까지 CRM에서 예측 측면의 분석이 본격적으로 활용되고 있다고 할 만한 경우를 찾기가 그리 쉽지 않다. CRM에서 예측이 필요한 내용도 앞서 이야기했듯이 매우 다양하지만 아직까지 예측모델을 전혀 사용하지 않는 경우도 많고, 사용하는 경우라고 해도 겨우 이탈 가능성에 대한 것 하나 정도에 그치는 경우도 많다. 이 정도의 소극적인 노력만을 가지고는 충분히 성과를 거두기도 어렵고 예측모델링의 잠재력을 확인하기에도 크게 부족하다. 많은 노력과 비용을 들여 구축하여 운영하고 있는 고객 데이터베이스의 잠재력을 제대로 활용하지 못하고 있는 것이기도 하다.

CRM에서 예측이 본격적으로 활용되지 못하고 있는 데에는 예측과 데이터 분석이라는 다소 익숙하지 않은 새로운 방식에 대한 막연한 거부감도 크게 작용하는 듯하다. 또 예측의 정확도에 대한 확신이 없기 때문인 것도 같다. 물론 100퍼센트는 아니라도 어느 정도는 정확해야 하는 것은 분명하다. 하지만 예측을 사용할 것인가 말 것인가에 대한 판단의 기준은 좀 더 합리적으로 되어야 한다. 올바른 판단의 기준은 예측이 없는 경우와 있는 경우의 결과 간의 차이이지 예측이 100퍼센트 정확한가는 아니라는 점을 인식해야 한다. 경험적으로 거의 모든 경우에서 고객 데이터베이스를 사용한 예측이 비록 100퍼센트 정확하지는 않더라도 예측이 없는 경우보다는 유용함은 확인되었다.

CRM이 언제까지나 현재 공이 있는 방향, 즉 고객이 현재 위치한 곳만을 겨냥해서 움직이는 것이 될 수는 없다. 적어도 고객이 미래에 가있을 곳을 미리 예상하고 CRM 활동을 수행해야 한다. 물론 더 나아가서는 공(고객의 위치)이 가야 할 곳을 먼저 정하고 그 방향으로 공을 몰아가는 것까지도 필요하다.

CRM 1.0에서는 고객이 이미 구매한 내역이 주된 판단의 기준이 되었지만 업그레이드된 CRM 2.0은 고객이 구매할 내역을 예상하고 움직이는 것이어야 한다. 100퍼센트 정확한 예측이 불가능하다면 복수의 시나리오를 세우고 시나리오별 발생 가능성을 따져서 움직이는 것도 생각할 수 있다.

단, 예측에 따른 고객관리가 본격화되려면 상당한 준비가 필요하다. 가장 기본적으로 필요한 것은 데이터를 분석하여 예측을 하는 전담인력들을 충분히 확보하고 이들을 유지하는 것이다. 과거에도 분석을 전담하는 팀을 구성했던 기업들이 상당수 있었으나 대부분 그 팀이 오래 유지되지 못했다. 분석 팀에 대해 막연하면서도 너무 큰 기대를 했던 점도 한 원인이었고, 한편으로는 분석 팀이 분석에 대한 역량을 축적해가는 데 필요한 시간을 충분히 주지 않은 것도 원인이었다. 분석 팀의 인원들과 현장 및 다른 스태프 부서들 간의 커뮤니케이션이 원활하지 못해 사실상 분석 팀은 고립되고 결국 분석을 위한 분석을 하는 데 시간을 보내게 되었다. 이제 다시 분석과 예측에 적극적인 노력을 기하고자 한다면 이 문제부터 해결하고 넘어가야 한다.

한편 유용하고 정확한 예측을 하기에 적절한 내부 인력이 확보되지 못하는 경우 외부 인력의 활용을 고려할 수도 있다. 그러나 내부 인력이 전혀 없이 외부 인력만으로는 한계가 있다는 점을 잊지 말아야 한다. 내부의 업무와 조직의 특성을 이해하고 있어야 현실적이고 타당한 예측이 가능하지만 조직 내에 속하지 않은 사람들의 경우 그런 것을 기대하기 어렵기 때문이다. 그러므로 시간이 걸리더라도 최소한 몇 사람의 내부 인력을 양성하는 것이 반드시 필요하다.

마지막으로 기억해야 할 부분은 능력 있는 팀에 따라 좋은 예측이 이루어진다고 해도 경영진이 이를 이해하고 신뢰하지 않는다면 아무런 소용이 없다는 것이다. 어차피 실제 CRM 활동에 반영되는 것이 없을 것이기 때문이다. 비록 전문적인 통계 분석가의 수준까지가 요구되는 것은 아니지만 경영진은 CRM에서 무엇을 예측하고자 하는 것이며 그 예측이 어떤 부분에 얼마나 도움이 되는가를 이해하여야 한다. 또 예측 과정이 얼마나 어려운 작업인가와 예측의 한계에 대해서도 어느 정도는 이해해야 한다. 경영진은 모든 경영 활동에 대해 결국 최종 결정을 내리는 주체이기 때문이다.

02 Customer Relationship Management 2.0
고객 세분화 활용

:: 고객 세분화는 데이터 분석으로 끝나는 일이 아니다

고객 세분화는 본래부터 고객을 세분화한 후 세분화된 고객들 각 집단별로 어떻게 관리할 것인가를 정하고 실제로 그 내용을 실행에 옮기는 것까지의 전체 과정을 의미한다. 여기서 실행이란 구분된 집단별로 행해지는 CRM 측면의 관리 활동이 서로 다르게 이루어진 다는 것을 의미한다.

예를 들어 고객 세분화의 결과로 총 10개의 집단으로 전체 고객들이 구분되었다면 그 10개의 집단들에 대해 하는 일들이 달라야 한다는 것이다. 한 고객집단이 잠재력이 큰 집단이라면 그들의 구매금액(즉, 드러난 가치)이 크지 않다고 해도 우대 서비스를 제공한다든지, 향후 구매력이 감소할 것으로 판단되어 구분된 집단이라면 그들의 과거 구매가 많았다고 해도 혜택이 적게 제공된다든지 하는 식으로 구분된 집단들 간에 분명하게 다른 내용과 수준의 관리가 이루어지거나 혜택이 주어지거나 해야 한다.

실행 단계에서 이와 같이 실제로 차이를 둘 수 없다면 아무리 다양하고 정교하게 고객을 나누어도 고객 세분화의 의미가 없다. 복잡한 과정을 거친 고객 분석은 단지 분석으로 끝나버리고 궁극적으로 성과에는 아무런 영향을 미칠 수 없기 때문이다. 따라서 처음에 계획할 때부터 실행 단계에서 차이를 줄 수 있는 가능한 범위를 미리 염두에 두고 고객 세분화 작업이 이루어져야 한다.

그러나 오늘날의 CRM에서는 고객 세분화가 처음부터 실행과는 별개로 이루어지거나 의도와는 달리 실행까지 연결되지 못하는 경우가 많다. 고객 세분화를 하는 분석 과정에서 구분된 집단별로 어떤 활동을 할 것인지가 제안되기는 하지만 실행 부분을 담당하는 부서와 고객 세분화 분석을 하는 부서가 별개이다 보니 분석 결과

[그림] 고객 세분화의 의미

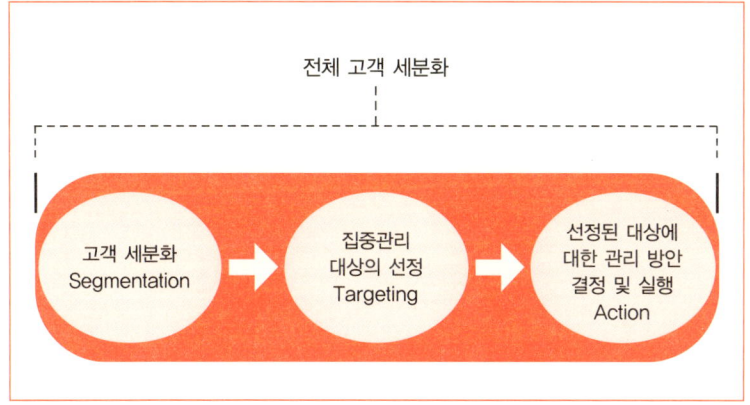

가 실제로 반영되는 것이 거의 없다. 실행 부서가 보기에는 분석을 담당하는 부문에서 제안하는 아이디어들이 현실과 맞지 않는 허황된 것으로 느껴지고, 분석 부서에서 보기에는 실행 부서들이 보수적이고 현상에 안주하려는 것으로만 보이게 된다. 어느 쪽에 더 큰 잘못이 있는가는 중요하지 않다. 문제는 결과적으로 고객 세분화를 위한 분석 작업은 있으되 그 결과에 따른 실행은 되지 않는다는 것이다. 결국 고객은 그 특성에 따른 차별적 관리를 받지 못하고 고객 세분화로 얻고자 했던 성과도 얻을 수 없게 된다.

:: 고객 세분화 방법은 다양하다

고객 세분화는 다양한 방법을 통해 이루어질 수 있다. 그중 가장 많이 사용되는 것은 구매금액을 기준으로 하는 매우 간단한 방법이다. 일정기간 구매한 금액에 따라서 고객을 몇 개의 집단으로 나누고 구매금액이 큰 집단일수록 중요한 집단으로 간주하여 좀 더 많은 혜택을 주거나 집중해서 관리할 대상으로 삼는다. 이는 고객가치에 따른 세분화의 일종으로 볼 수 있으며 구매금액이 큰 집단을 더 중시하는 것은 신규 고객을 확보하는 것보다는 기존 고객을 중시하는 CRM의 기본 방향과도 자연스럽게 맥이 통한다.

구매금액만을 사용하는 방식이 너무나 단순하다는 문제점 때문에 이를 좀 더 정교하게 하기 위해서 RFM(Recency, Frequency, Monetary) 분석을 활용하기도 한다. RFM에서는 구매금액이라는 한 가지 척도만을 사용하는 대신 최근성Recency, 빈도Frequency, 금액

Monetary의 세 가지 축을 동시에 사용하여 고객을 분류한다.

빈도Frequency는 얼마나 여러 번 구매했는가와 최근성Recency는 얼마나 최근에 구매했는가를 함께 사용하므로 좀 더 다양한 집단으로 구분할 수 있다. 똑같이 100만 원을 구매한 고객이라고 해도 한 번에 50만 원씩 두 번 구매한 고객과 10만 원씩 10번을 구매한 고객을 구별할 수 있게 되므로 이들에 대해 각기 다른 방식으로 대응할 수 있게 된다. 하지만 RFM에서도 구매하는 상품군에 대한 차이는 반영되지 못한다.

실제로 한 기업이 판매하는 상품군은 매우 다양하고 대부분의 고객은 여러 상품군을 구매한다. 어떤 고객이 어떤 상품군을 주로 구매하고 어떤 상품군은 구매하지 않는가는 특히 교차판매를 위해서 각 고객에게 어떤 상품을 제안할 것인지를 정하기 위해서는 유용한 정보가 된다.

이와 같은 RFM의 한계를 해결하기 위해 사용하는 IRFM(Item별 RFM)은 고객이 어떤 품목을 주로 구매하는가를 기존의 RFM에 추가로 반영한다. 여기서는 각 품목별로 RFM을 각각 계산한다. 크게 열 가지 품목이 존재하는 경우라면 열 가지 품목 각각에 대해서 별도의 RFM을 계산하는 방식이 된다. 구매금액이나 RFM 등은 모두 구매행동을 이용해서 고객을 분류하는 방식이지만 성별이나 연령대 또는 거주지역 등 기본적인 속성을 사용한 고객 세분화도 사용된다.

이상의 방법들은 한 번에 여러 가지 항목을 고려하지 않는 비교적 간단한 방법들이다. 비록 간단함으로 이해하기 쉽다는 장점은 가지고 있으나 이와 같이 단순한 방법들이 많이 사용되었던 것은 수십 년 전 정도에는 고객 세분화를 자주하는 것 자체가 불가능했다는 점이 주된 이유이다. 수시로 전체 고객들을 분석하여 새로운 기준으로 구분하는 업무를 처리하려면 상당한 컴퓨터 자원이 필요했으나 이를 확보하기도 쉽지 않았으며 비용도 많이 들었다.

그러나 오늘날에는 컴퓨터의 용량이나 처리 속도가 대폭 향상되었고 가격도 저렴해졌기에 그러한 처리를 소화하는 것은 더 이상 큰 문제가 되지 않는다. 그렇다면 고객 세분화는 고객별로 가능한 한 짧은 주기를 단위로, 동적으로, 예측 결과까지도 포함해서 다양한 항목들을 종합적으로 반영해 이루어지는 것이 당연할 것이다. 그런데 아직까지도 일 년에 한 번 고객을 다시 분류하는 정도에 머물거나 또는 그 조차도 이루어지지 않는 경우가 많다.

카지노와 리조트를 운영하는 미국의 엔터테인먼트 그룹 '해러스'는 동적인 고객 세분화를 활용하는 사례들을 보여준다. 이 회사는 카지노에서 고객들이 슬롯머신을 어떻게 이용하는지를 일일이 포착하여 정보시스템에 모으고 분석하여 고객들의 동선을 반영하여 카지노 플로어의 배치를 수시로 조절하며 로열티 프로그램에 따른 축적된 데이터베이스를 활용해서 맞춤형 프로모션을 실시한다. 또 해러스는 호텔 객실의 가격을 동적이고 실시간적으로 결정한다. 해러스는 카지노와 연계된 리조트와 호텔 등 숙박시설을 운영하는데 그 예약 시스템에서는 고객의 특성과 객실 예약 상황, 진행 중인 프로모션 등의 데이터를 종합한 후 이에 이익을 극대화할 수 있도록 최적화하는 방식을 적용해 실시간으로 객실 가격을 자동 결정한다.

　이 시스템을 이용해서 가격이 결정되면 결과적으로 같은 상품에 대해서 고객에 따라 서로 다른 가격을 제시하게 된다. 가치가 큰 고객에 대해서는 좀 더 낮은 가격을 제시할 수도 있다. 객실이 여유가 있는 경우에는 전반적으로 낮은 가격을 제시할 수도 있고, 여유가 많지 않은 경우에는 더 가치가 큰 고객에게 우선적으로 객실을 제공하거나 더 높은 요금을 받을 수 있는 고객에게 우선하여 예약을 할 수 있도록 하는 것도 가능할 수 있다.

　본래의 주된 목적은 가격결정의 자동화와 최적화이지만 그 기반에는 동적이고 실시간적인 고객 세분화가 바탕이 된다. 더 이상 고객 세분화가 실행 단계의 다른 업무와 별개로 존재하는 것이 아니라 완전히 한 덩어리가 되어서 움직이는 것이다.

　해러스의 예약 시스템과 같은 경우에는 고객에게 어떤 객실을 얼마에 제공했을 때 향후에 그 고객의 가치가 얼마로 달라질 것인가를 계산해보는 기능이 포함되어 있을 것이다. 이와 같이 이미 발생된 과거의 구매 행동이나 알려진 현재의 고객 상태뿐 아니라 예측으로 생성된 정보도 고객 세분화에서는 적극 활용될 필요가 있다. 예측모델링에 따라 얻어지는 고객의 구매 가능성이나 이탈 가능성 등의 정보는 물론이고 데이터 마이닝의 다양한 분석방법에 따라서 얻어지는 다양한 형태의 정보들도, 예를 들면 어떤 고객과 어떤 고객이 유사한 특성을 가지고 있는지, 어떤 상품을 구매한 고객은 다음에 어떤 상품을 구매할 가능성이 높은지 등과 같은 사항들도 고객을 세분화하는 데 폭넓게 사용되어야 한다.

[그림] 예측을 바탕으로 한 고객 세분화

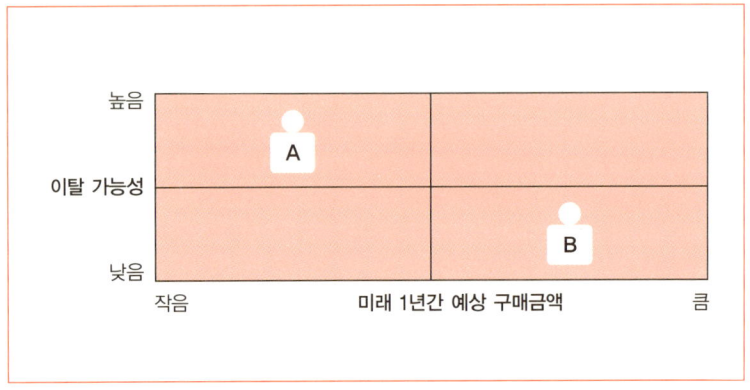

이 그림은 예측모델링을 통해 얻어진 두 가지 정보, 즉 미래 1년 간 예상 구매금액과 이탈 가능성을 축으로 사용하여 고객을 세분화 하는 예를 보여준다. 고객 A는 미래의 구매금액도 낮으면서 이탈 가능성이 높은 반면, 고객 B는 구매금액도 높고 이탈 가능성도 낮 다. 이처럼 예측을 바탕으로 한 고객 세분화에 따라서 고객 A가 속 하는 집단은 적극적인 유지 대상에서 제외하는 관리 방안을 강구할 수 있을 것이다.

:: 쉬운 방법을 우선하더라도 점차 고도화가 필요하다

쉽고 간단한 방법 조차를 소화하지 못하면서 복잡한 방법만을 원 하는 경우를 흔히 볼 수 있다. 마치 데생조차 하지 못하면서 추상화 를 그리겠다는 생각과 다를 바 없다. 그러나 언제까지나 쉬운 방식 만을 유지해서는 나아질 가능성이 없다. 지난 1년간의 구매금액 합계를 기준으로 다음 1년간 고객의 등급을 정하는 가장 간단한 방법은 가장 많이 사용되는 간단한 고객 세분화 방법의 예이다.

이 방법을 통해 일정비율의 고객을 우수고객으로 구분해서 이들에게는 좀 더 많은 혜택을 주는 것도 가능하다. 단, 이런 식의 방법을 사용하더라도 업종의 특성에 따라 좀 더 체계화된 방식을 사용할 수도 있다. 매년 한 번 정하고 다음 1년간 적용하는 방식 대신 매 분기를 단위로 다시 분류하여 적용하는 식으로 산정하는 주기를 줄여주는 것이 유용할 수도 있다. 이익률이 높은 특정품목의 구매에 대해서는 가점을 주는 방식으로 매출보다는 이익을 좀 더 중시하거나 오랜 기간 관계를 지속해온 고객에 대해서 가점을 주는 식의 방식도 도입할 수 있을 것이다. 획일적인 생각에서 좀 벗어나서 다시 생각해보면 개선의 여지가 존재할 수 있다.

비교적 간단함에도 불구하고 제대로 사용되지 못하고 있는 다른 방법들 중 하나가 고객라이프사이클에 따른 세분화이다. 다음 그림에서 보는 바와 같이 고객은 구매의 횟수와 빈도를 기준으로 신규 고객에서 재구매 고객, 단골 고객 등으로 구분될 수 있다.

이 방식은 비교적 단순함에도 불구하고 고객과 기업 간의 관계의 정도를 구별해주는 측면에서 단순히 구매금액만을 합산하는 방식에 비해 큰 장점이 있다. 일정기간 구매하지 않은 이탈 고객과 과거에 이탈했으나 다시 구매가 시작된 재활성 고객, 한 번의 구매를 했으나 아직 그 이후 일정기간이 지나기 이전인 신규 고객 등 관계의 측면에서 서로 다른 단계에 있는 고객들을 구분함으로써 각 집단을 어떤 식으로 관리해주어야 할 것인가를 좀 더 정교하게 설정할 수 있게 해준다.

고객라이프사이클에 따른 세분화에서는 명확한 정의를 사용하여 모두가 그 분류를 이해하고 사용할 수 있도록 해주는 것이 중요하다. 고객을 접하는 각 접점에서 각각 그 기준과 명칭이 다르다면 고객 세분화의 본래 의미가 퇴색된다. 또 라이프사이클에 대한 기준을 설정할 때 업종의 특성이 제대로 반영될 수 있도록 해주어야 한다. 구매주기가 긴 업종과 짧은 업종, 이탈한 고객이 일정기간 후 다시 구매를 시작하는 경우가 많은 업종과 적은 업종 등에 차이가 있기 때문이다.

예를 들어 구매주기가 매우 긴 자동차나 홈쇼핑이라면 한 번 구매한 고객을 모두 신규 고객으로 분류하게 되면 너무 많은 고객들이 같은 집단에 속하게 되므로 이들을 다시 구분할 수 있는 방안을 마련할 필요가 있다. 그리고 구분된 각 집단별로 수행해야 할 관리

[그림] 고객라이프사이클에 따른 세분화

활동에 차이를 두어야 한다.

예측모델을 개발하여 얻어지는 예측 결과를 사용하거나 데이터 마이닝 등에 따른 좀 더 복잡한 결과를 사용하거나, 여러 가지 항목들을 종합적으로 고려하는 등의 고객 세분화 방법은 개발과 운영 모두에서 그만큼 많은 경험과 노하우를 요구한다. 이미 기초적인 방법에 익숙해진 조직들이라면 이런 방식에 대한 시도가 적극적이고 과감하게 이루어져야 한다. 하지만 고객들은 어떤 방법을 사용했는가가 아니라 자신이 원하는 관리를 받고 있는가로 평가 내린다는 점을 간과해서는 안 된다. 고객들이 느끼고 가치를 두는 것은 결과이지 그 결과를 만들기 위한 과정은 아닐 수 있다. 더욱이 과정상 화려한 방법을 모두 동원했지만 실행 단계에서 제대로 사용하지 못하는 경우에는 오히려 역효과를 얻을 수도 있다.

이 때문에 고객 세분화에서 검토는 다각적으로 하되 실행은 현장과 고객 측면에서 현실성을 충분히 고려하여 다수 부수적으로 해나가야 할 필요가 있다. 고객 분석에 관해서는 많은 노하우를 가지고 있는 것으로 알려진 '아마존'의 경우에도 자신들이 기술적으로 보유한 새로운 방법이 열 가지가 있더라도 그중 운영상의 효율성 등을 고려해 확신이 있는 몇 가지 방법만을 실제로 적용한다고 스스로 말한다.

고객 세분화의 업그레이드는 업종이나 규모 등에 따라 상당히 다른 모습이 될 수밖에 없다. 그렇기에 획일적으로 어느 한쪽 방향만으로 고도화의 초점을 이야기하기는 어렵다. 또 비현실적으로 너무 이상적인 수준의 목표를 제시하는 것도 적절하지는 않다. 하지만 현재 사용되고 있는 방식들이 너무나 낙후되어 있는 것만은 틀림없다. 기초적인 방법을 벗어나지 못하거나 기초적인 방법조차 제대로 이해하더라도 조직의 특성에 맞추어 응용하지 못하고 있다. 물론 이에 대한 개선 노력이 미미한 것도 사실이다.

고객 세분화의 업그레이드에서는 CRM 2.0의 키워드들 중에서도 '체계화'라는 측면에 특별한 관심을 기울이는 것이 절실하다. 우선은 간단한 방법들이라도 좀 더 체계화해서 사용할 수 있도록 정비하는 것이 출발점이 되어야 할 것이다. 동시에 향후 도입할 수 있는 고도화된 방법들에 대해 검토하고 그중 적합한 방법들이 점진적으로 도입, 적용되는 식의 변화가 지속되어야 한다.

03 Customer Relationship Management 2.0
고객가치의 산출 및 활용

:: 고객가치를 따지는 이유는 무엇인가

미국 소매업의 경우 매출액 기준 최상위 20퍼센트 고객은 최하위 20퍼센트 고객의 약 50배에 이르는 돈을 쓴다고 한다. 모든 고객들이 동일한 가치를 가지지 않는다는 것이며 일부 고객은 다른 고객들에 비해 가치가 높다는 의미이다. 그렇다면 이런 식으로 고객에 대해 가치를 따지는 이유는 무엇인가? 답은 간단하다. 고객이 주는 가치에 따라서 고객을 대하는 방법을 달리하겠다는 것이다. 통상적으로 구매를 통해 고객이 이익을 주었기에 그에 대해 사후적으로 감사의 표시를 하거나 보상을 제공한다. 고객가치는 이때 어떤 고객에게 얼마나 많은 것을 줄 것인가를 결정하기 위해 사용되는 일종의 고객 세분화의 기준이 된다.

고객가치를 따지기 위해 가장 간단하고 보편적으로 사용되는 방법은 매출액 또는 구매액의 단순 합산이다. 이때 얼마나 오랜 기간의 구매를 반영할 것인가는 결정이 필요한 사항이다. 일반적으로 지난 1년이 기준으로 많이 사용되지만 3년이나 5년을 기준으로 좀 더 긴 시간을 할 수도 있다.

또 언제인가를 따지지 않고 가장 처음 구매에서 현재까지의 모든 구매를 가치 계산에 포함할 수도 있다. 이 방식은 흔히 고객등급이라는 이름으로 불린다. 그러나 고객등급과 고객가치를 별다른 구별 없이 사용하기도 하지만 등급이라고만 한다면 가치에 대한 것뿐 아니라 위험도에 대한 것도 등급이 될 수 있다. 따라서 엄밀하게는 고객가치등급이라는 표현이 맞는 것일 수 있다.

이러한 고객가치의 계산에서 가장 큰 문제점은 이미 지나간 가치만이 계산대상이 된다는 것이다. 지나간 가치에 대한 계산으로는 사후적인 감사 표시와 보상을 넘어서는 무언가를 할 수 없다.

예를 들어 지난해에 100만 원을 팔아준 고객이 있다고 해도 이 숫자만으로 그 고객이 앞으로는 얼마를 구매해줄 것인지는 파악되지 않는다. 100만 원을 팔아주었으니 감사 표시로 만 원에 상당하는 선물을 보낸다면 그로 인해 얼마나 큰 효과를 얻을 수 있을지는 알 수 없는 일이다.

물론 실제로 고객 데이터베이스를 분석해보면 일정기간 구매금액이 큰 고객들은 이후에도 상당기간은 구매금액이 어느 정도 비슷하게 유지되는 일종의 관성과도 같은 현상을 발견할 수 있다. 이 때문에 지나간 최근 일정기간의 구매수준이 고객의 가치를 판단하는데 어느 정도는 유용하게 사용될 수도 있다. 하지만 반대로 일시적으로만 구매가 많고 다음에는 같은 수준의 구매가 다시 일어나지 않거나 일정기간은 꾸준히 일정한 수준의 구매를 하지만 갑작스럽게 관계를 끊고 더 이상 구매하지 않는 경우도 의외로 많이 나타난다.

따라서 좀 더 정교하게 고객을 관리하고자 하는 경우라면 단지 과거 일정기간의 구매에만 의존하는 대신 미래에 구매가 얼마나 일어날 것이며 그로부터 얼마나 이익을 얻을 수 있을 것인지를 아는 것이 매우 중요하다.

:: 고객가치를 계산하는 여러 가지 방법

고객가치를 계산하는 방법은 우선 과거와 현재, 그리고 미래 중 어느 기간을 계산에 포함할 것인가에 따라서 구분될 수 있다. 이에 더해 계산 시 구매 또는 매출만을 고려하는 방식 또는 원가를 뺀 나머지인 이익만을 고려하는 방법으로도 구분할 수 있다. 이를 종합

[그림] 고객가치를 계산하는 방법

	과거	현재	미래
매출	RFM	Sales	
이익	HPM	Profitability	CLV

해보면 계산 방법은 그림에서와 같이 대략 여섯 가지의 종류로 나누어진다.

RFM은 본래 고객의 가치를 판단하기 위한 방법은 아니었으나 고객과 관계가 시작된 최초의 시점에서 과거 구매 패턴을 구분하다 보니 향후 일정기간의 구매 가능성을 시사하는 의미로 사용될 수 있다. 복잡한 방법은 아니지만 일종의 예측의 의미가 담긴 방법으로도 볼 수 있다. 현재의 매출을 사용하는 방법은 통상 사용되는 것으로 지난 1년 또는 6개월간의 구매액을 합산하여 고객의 가치를 계산한다. 매우 단순한 방법이지만 여기에는 적어도 앞으로 한동안은 최근의 구매수준이 그대로 유지될 것이라는 가정이 암묵적으로 깔려있다고 생각할 수 있다. 이익을 기준으로 하는 방식도 각각 과거의 장기간 이익과 최근 이익, 즉 수익성만을 고려하는 방식으로 사용된다.

이상의 방법들은 모두 과거에 고객에게 얻은 가치를 따지는 방식들이지만 미래의 이익을 따지는 고객생애가치 CLV(Customer Lifetime Value)는 여기서 한발 더 나아간 방식이라 할 수 있다.

CLV는 한 고객이 평생 동안 한 기업에게 제공할 것으로 예상되는 이익의 합계이다. 따라서 CLV가 크다는 것은 그 고객이 미래에 많은 이익을 줄 것이라는 것을 나타내며 CLV가 큰 고객은 매우 중요한 고객이라는 의미이다. 문제는 흔히 CRM의 궁극적 목적은 고객생애가치를 극대화하는 것이라고 말로는 쉽게들 하지만 사실 실제로 CLV를 계산하거나 활용하고 있는 경우는 그리 많지 않다는 점이다.

결국 막연하게 고객생애가치라는 이야기를 하기는 하지만 실제로는 CLV가 얼마인지도 모르면서 CRM을 하고 있는 것이다. 외국의 경우에도 많은 기업들이 CLV의 중요성을 이해는 하고 있지만, 오직 일부 선도적인 기업들만이 실제로 사용하고 있다고 한다.

고객가치를 실제로 측정한 사례를 보면 항공사인 아메리칸에어라인즈는 1.58빌리언달러, 허르쯔는 1.9빌리언달러에 해당하는 고객 에쿼티Equity를 가지고 있다고 한다(Copernicus, 2002년). 여기서 고객 에쿼티는 모든 고객 각각의 CLV를 모두 합산한 값이다.

[그림] 고객의 생애가치

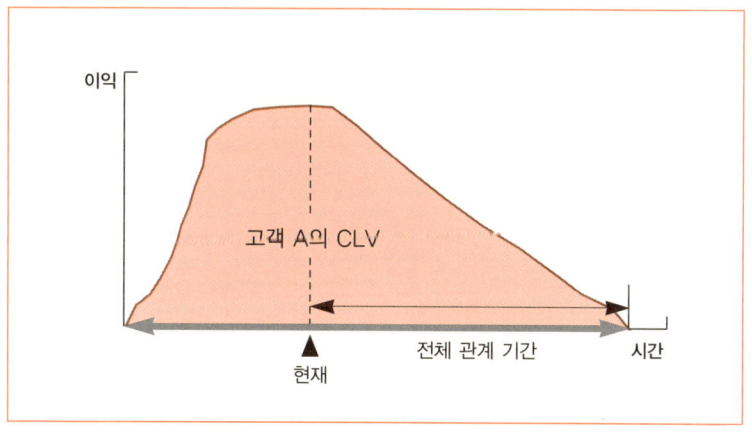

이 그림은 CLV의 개념을 보여준다. 한 고객이 한 기업과 관계를 맺는 전체 기간 중에 이익을 주는 것을 보면 대개 처음에는 그다지 많지 않지만 어느 시점에서인가 정점을 지나게 되며 시간이 지나면 언젠가는 관계가 종료되고 이익도 더 이상 발생하지 않게 된다. 여기서 CLV는 고객과 관계를 맺는 전체 기간 중 현재 이후의 미래 기간 중에 발생되는 이익의 합계로 구해진다. 결국 CLV의 계산은 다음과 같이 유지기간, 이익, 할인율 등이 고려되는 함수의 모습이 된다.

CLV = f(유지기간, 이익, 할인율)

여기서 유지기간은 얼마나 오랫동안 고객으로 남아있을 것인가를 의미하며, 할인율은 미래에 발생되는 이익을 현재의 가치로 환산하기 위한 것이다.

이와 같이 계산된 CLV는 중·장기적 관점에서 고객 전략 수립과 실행을 관리하기 위한 지표이며, 현재까지 이미 실현된 가치가 아닌 미래가치에 대한 추정치이다. 또 총기대이익에 대한 순현재가치 Net Present Value로 산출된 것이며 매출 관점이 아닌 이익 관점에서 가치를 나타내는 지표이다.

일단 이러한 계산 과정을 거쳐서 CLV를 고객 각각의 단위로 구하고 개별 고객을 단위로 CLV를 살펴보는 것뿐만 아니라 어떤 유형들의 고객들은 미래에 가치가 크고 어떤 유형의 고객들은 가치가 작은지를 파악하는 경우에서처럼 고객의 집단을 단위로 해서도 CLV의 합계 또는 평균을 계산해 활용할 수 있으며 나아가서는 전체 기존 고객의 가치를 합산해서 기업이 보유한 고객의 전체 자산으로서 가치를 계산하는 용도로도 사용할 수 있다.

한편 구체적으로 CLV를 계산하는 과정은 좀 더 단순한 방법에서 매우 복잡한 방법까지 다양하다. 물론 단순한 방식일수록 실제로 존재하는 미세한 차이를 반영하지 못하는 한계가 있다. 그러나 처음부터 그것들을 모두 정확하게 계산하기 위해 무리할 이유는 없다. 반드시 고객 개개인 단위로 다른 숫자를 계산해낼 수 있어야만 하는 것도 아닐 수 있다. 동점자가 있다고 해서 문제되지 않는다. 또 가치가 크지 않은 고객들에 대해서까지 매우 정확한 수준으로 계산하는 것은 합리적이지 않을 수 있다. 가치가 크지 않은 고객일수록 정확하게 계산하기에 필요한 정보가 충분하지 않을 수도 있고 정확한 계산을 하기 위해 노력에 들어가는 비용조차 회수되지 못할 수도 있다.

또한 고객에게 알려주는 등급과 실제 회사가 인식하는 고객의 가치가 반드시 일치해야 할 필요도 없다. CLV 방식으로 복잡한 과정을 거쳐 계산한 가치를 고객에 알려주어 봐야 칭찬을 듣지도 못한다. 고객들은 완전히 합리적이지 않으며 고객이 컴퓨터까지를 동원해서 모든 것을 완전하게 비교해 볼 수도 없다 이 상황에서 직접적으로 가치가 있다 또는 없다고 각 고객에게 시시콜콜한 계산 내용을 이야기할 필요는 없다. CLV는 내부에서 고객을 분류하기 위한 것이다. 고객에게 등급을 알려주어야 하는 경우라면 그에 맞도록 매우 단순한 기준을 사용한 별도의 방법을 사용하는 것이 오히려 바람직하다.

:: CLV는 어떻게 활용해야 하는가

CLV에서는 10원 단위까지 정확하게 계산할 수 있는가 또는 어떤 계산 공식을 사용하는가는 상대적으로 중요한 것이 아닐 수 있다. 그보다는 CLV 방식으로 산출된 고객가치를 어떤 용도로 어디에 활용할 것인가를 생각해내는가가 훨씬 더 중요하다.

본래 CLV는 전략적·전술적 기회와 문제점 발견을 위한 목적을 가진 지표이므로 각종 의사 결정에서는 일종의 방향타의 역할을 해주어야 한다. 전략적으로는 사업 구조, 점포, 상품 포트폴리오 변경 등을, 전술적으로는 캠페인이나 혜택 제공 등을 CLV를 바탕으로 판단할 수 있다. 그리고 CLV는 상품에 대한 기여도 평가 및 관련된 조치 개발에도 활용될 수 있다. CLV를 바탕으로 상품의 기여도를 따진다는 것은 각 상품을 구매한 고객들의 CLV를 비교해 CLV가 높은 고객들이 어떤 상품을 구매하는가를 파악하는 것이다. CLV가 높은 고객들이 그렇지 않은 고객들에 비해 많이 구매하는 상품이라면 비록 개별 상품만의 수익성으로 봐서는 그리 좋지 않은 경우라도 전체 회사의 매출에 기여하는 바가 큰 필수적인 상품이라는 의미가 된다. 그리고 여기서의 관련된 조치란 상품의 도입 또는 제거, 가격 조정 등 다양한 형태가 될 수 있다.

한편 CLV를 고객관리의 성과를 확인하기 위한 용도로 활용하는 것도 매우 중요하다. 어떤 활동의 결과로 대상이 된 고객집단의 CLV가 증가했다면 그 활동은 잘된 것으로 판단할 수 있을 것이며 그 반대도 성립한다. 단순히 매출의 증가나 이익의 증가만을 본다면 장기적인 영향은 나타나지 않을 것이며 일시적인 성과만으로 가치를 판단하는 결과가 된다. 반면 CLV는 당장의 매출에는 차이가 없더라도 고객들에게 장기적인 영향을 주는 부분이 있었을 경우 이를 포착하는 기능을 한다.

지금까지 CRM에서 오직 타깃마케팅을 주된 활동으로 여겼고 또 그 성공 여부를 판단하는 기준으로 DM 반응률에 집착했던 것은 당장의 매출을 높이는 것에만 초점을 두었다면 업그레이드된 CRM에서는 고객이 제공할 장기적인 가치를 높이는 방향으로 수정해야 한다. 그리고 그렇게 되려면 미래의 고객가치에 대한 계산이 그 출발점이 되어야 한다.

CLV가 고객의 가치를 평가하는 기준으로 채택된다면 그때부터의 모든 CRM 활동들은 자연스럽게 고객과 '신뢰 관계 구축'의 방향으로 전환될 수밖에 없다. 신뢰가 없으면 고객의 구매수준이 줄어들든 고객의 이탈이 늘어나든 해서 결과적으로 고객의 미래가치는 줄어들게 될 것이고 그것은 CLV 계산 수치로 바로 드러나게 될 것이기 때문이다.

고객가치 측면에서 CRM 2.0으로 업그레이드는 얼마나 체계적으로 CRM을 하는가의 문제인 동시에 한편으로는 근본적으로 CRM이 본래 목적했던 방향을 되찾아가도록 하는 근본적인 변화의 출발점이 된다.

04 Customer Relationship Management 2.0

고객 분석과 사업 전략의 연결

:: 고객이해와 조직 전체의 방향 간 관계

    CRM을 담당하는 부문에서 데이터 분석은 주로 고객 한 사람 단위의 특성을 변수로 만들고 나서 그에 대한 요약된 정보를 생성하는 방식으로 수행된다. 어느 고객이 우량한 고객이고 불량한 고객인지, 주로 어떤 고객들에게 집중적으로 마케팅을 하거나 서비스 요구에 좀 더 친절하게 대응할 것인지 순서를 정하는 것을 목적으로 하는 경우가 많다. 현재의 CRM이 실제로 실행에 옮길 수 있는 활동이 DM 등을 활용한 타깃마케팅 캠페인에 거의 국한된다고 한정하고 있기 때문이다.

    그러나 다시 생각해본다면 고객단위로 만들어지는 정보에서 고객에 대해 좀 더 깊이 있고 폭 넓은 이해가 가능해진다면 단지 타깃마케팅이라는 제한된 부분 이외에도 조직 전반에 걸친 사업의 전개 방향과 전략도 달라질 수 있다.

마케팅 교과서에서 이야기하는 4Ps인 가격, 상품, 상권 또는 유통, 판매촉진 모두가 고객에 대한 이해를 바탕으로 재설계될 수 있다. CRM이 다루는 고객 데이터베이스에는 어떤 고객이 언제 어느 점포에서 얼마에 어떤 프로모션과 관련하여 어떤 상품을 구매했는가가 담겨있기 때문이다.

사업 전략은 민간기업이든 비영리조직이든 그 전체에 대한 것이다. CRM을 고객과의 관계를 중심으로 한 경영 전반 활동이라고 보는 대신 CRM을 제한적 시각에서 본다면 직접적으로 해당하는 범위가 조직 전체에 비해서는 그 일부일 수밖에 없으므로 CRM 전략 또는 고객전략은 사업 전략에 비해서는 하위 개념이 될 수 있다. 하지만 고객에 대한 이해는 좁게 설정한 CRM의 범위를 넘어서 사업 전반의 모든 활동인 상품 개발·영업·서비스·마케팅·물류·조달·인

[그림] 기존의 사업 전략 수립과 고객이해 기반의 사업 전략 수립

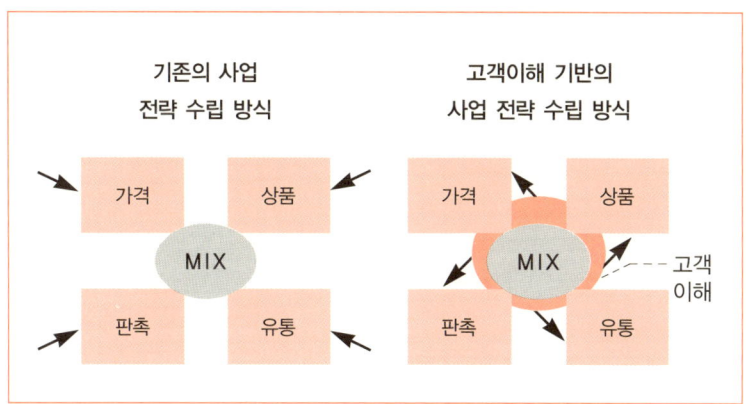

력 관리 등에 직접적이고 유용한 정보를 제공하는 역할을 할 수 있다. 고객이라는 새로운 축을 중심으로 모든 각 부문의 업무 기능들을 조율하고 연결시킬 수 있다.

한편 사업 전략은 통상적으로 최소한 수년간의 미래를 내다보는 거시적인 것이 된다. 예를 들어 새로운 상권을 개척한다거나 사업 부문을 새로이 확장한다거나 하는 일에는 짧게는 일이년 길게는 수년 이상이 필요할 수 있기 때문이다. 대부분의 고객 분석이 단기적인 타깃마케팅에 집중되어 있기에 고객들의 구성과 행동 패턴이 수년에 걸쳐 달라져가고 있는 방향에 대해서는 그다지 관심을 두지 않는다. 물론 이러한 점은 CRM 부문에 대해 경영진이 요구하는 바가 타깃마케팅에 따른 '가시적' 단기 성과에 집중되어있기 때문이기도 하며 고객 분석이 어디까지 응용될 수 있는가를 포착하지 못한 실무진의 책임도 있다.

현재의 CRM에서 업그레이드된 CRM 2.0의 수준에서는 고객정보에 대한 분석을 거시적이고 장기적인 각도에서도 실시할 필요가 있다. 예를 들면 지역별로 어느 지역에서 이탈 고객이 많은지를 현재 내지는 최근이라는 기준으로만 볼 일이 아니라 고객 이탈률의 지역별 격차가 수년간에 걸쳐 어떻게 달라져가고 있는지, 더 나아가서는 향후 어떻게 더 달라져갈 것인지를 살펴볼 수 있다.

고객을 중심축에 두고 지역별 특성이 달라져가는 추이를 파악한다면 유통업에서는 어떤 지역에 신규로 점포를 만드는 것이 향후 손쉽게 사업 규모를 확장할 수 있는 방안인지를 구상하는 것이 가능하다. 같은 방식으로 판매 촉진을 위한 채널을 어떤 비중으로 운영할 것인지 온라인마케팅의 비중을 전체 마케팅 활동에서 단계적으로 어떤 비중으로 변경해갈 것인지도 판단할 수 있다.

자동차 브랜드라면 청년·중장년·주부 등 고객의 유형별로 어떤 차종의 선택이 늘어가고 있는지 또는 자동차를 재구매하는 간격이 얼마나 길어지거나 짧아져가고 있는지를 검토하여 상품 포트폴리오를 재구성하는 전략을 만들 수 있다.

고객 데이터베이스는 고객의 기본적인 속성과 구매, 서비스 이용 등 행동에 대한 상세 기록을 담고 있기에 이를 제대로만 가공한다면 무궁무진한 종류의 중요한 정보를 만들어낼 수 있다. 판촉에 전반적으로 민감한 고객층을 발견할 수도 있고, 특히 가격에 민감한 고객층을 발견할 수도 있다.

반대 방향으로 특정한 고객유형이, 예를 들면 자동차를 구매하는 대학생 연령대의 남성 고객들이 민감하게 반응하는 판촉의 형태를 찾아내는 것도 가능하다. 다소 비현실적인 예가 될 수 있겠으나 이 정보를 활용하여 대학생 남성 고객들을 전담하는 미모의 20대 여성으로 구성된 영업팀을 운영하는 것도 상상해 볼 수 있다. 이 경우라면 고객이해에서 영업 전략을 수립하는 것과 더불어 20대 여성이라는 특수한 종류의 인력의 비중을 높이는 인력 관리 전략으로도 연결될 수 있다.

:: 상품 분석, 상권 분석과 고객 분석의 연결

앞서 이야기했듯이 고객 분석이 고객에게 등급을 부여하는 것과 캠페인 대상을 선정하는 것에 머무른다면 고객 분석에서 얻을 수 있는 가치를 충분히 얻어내지 못하는 것이다. 그리고 고객은 거의 대부분의 업무기능과 직접 연결되어 있기 때문에 고객에게 각 업무기능의 입장에서 얻어내야 할 부분이 상당히 많다. 그중 대표적인 예가 될 수 있는 부분이 상품 관리와 점포 내지는 상권에 대한 관리이다.

많은 조직에서 현재의 CRM 고객 분석은 고객번호를 기준으로 해야만 한다는 묵시적인 고정관념이 존재하는 듯하다. 사실 꼭 고객번호가 기준이 되어야 한다고 가르치거나 주장했던 사람도 특별히 없었는데 말이다. 고객 분석이라는 이름의 맨 앞에 고객이라는 단어가 들어가 있다 보니 기준은 고객번호가 되어야 할 것 같다는 막연한 느낌이 생긴 듯하다.

고객이라는 각도에서 데이터베이스를 분석하면서 상품번호가 기준이 될 수 있다. 각 상품을 기준으로 하고 각 상품을 구매하거나 각 상품에 대해 클레임을 제기하거나 각 상품에 관해 회사에 제안을 한 고객들이 누구인가를 상품의 특성으로 구성할 수 있다. 이렇게 되면 어느 상품 또는 어떤 유형의 상품이 가장 중요한지 또는 최근 급격히 왕성해지는 고객층이 구매하는 상품인지가 파악될 수 있다. 특정지역에서만 핵심 고객들의 구매가 많이 이루어지지 않는 특성을 보이는 상품들도 발견될 수 있다.

[그림] 고객·상품·점포 기준의 분석

고객을 기준으로 한 분석	고객 1	고객 2	고객 3	...
누적 구매액				
최근 1년 중 주로 구매한 상품				
구매당 평균 구매액				
...				

상품을 기준으로 한 분석	상품 1	상품 2	상품 3	...
중장년층이 구매하는 비율				
최근 1년 중 우수고객 구매 비율				
신규 고객 구매 비율				
...				

점포를 기준으로 한 분석	점포 1	점포 2	점포 3	...
야간 시간대 여성고객 구매 비중				
해당 점포 집중 이용 고객 비중				
전년 대비 우수고객 이탈률				
...				

홈쇼핑에서 예를 든다면 주로 과거 두 번 이상의 구매 경험이 있었던 고객들이 그렇지 않은 고객들에 비해 많이 구매하는 상품을 파악할 수도 있다. 한 번의 구매를 통해서는 회사 입장에서 고객의 가치가 크지 않으나 장기간 지속적인 구매를 하고 그로부터 회사에 큰 가치를 주는 고객들이 집중적이지는 않지만 반드시 한두 번은 구매하는 상품을 골라낼 수도 있다.

마찬가지로 점포를 기준으로 분석을 하게 되면 각 점포별로 그 점포를 이용하는 고객들의 구성에서 점포의 장단점 등 특성과 점포가 필요로 하는 변화를 포착할 수 있다. 한 은행이 전국적으로 수백 개 점포를 가지고 있다면 그중 어느 점포들이 오후 시간대에 여성고객들의 이용이 많은지 더 나아가서 대출 상담이나 투자상품 가입 등 중요성이 큰 업무와 관련된 이용이 많은지를 파악한다면 그러한 패턴을 강하게 보이는 점포에 대해서는 오후 시간대에 특별히 여성고객들의 편의를 높이기 위한 음료를 제공한다든지, 해당 시간대에만 별도의 여성고객용 상담창구를 편성한다든지 하는 것도 생각해 볼 수 있다.

최근에는 많은 업종들에서 고객 접점이 되는 점포를 해당 상권의 고객 특성과 회사 차원에서 상품전략, 상품 또는 업무별 구매 내지는 이용 고객의 부가가치를 기준으로 재설계하거나 신축적으로 설계를 바꿀 수 있도록 하는 환경을 갖추어 나가는 움직임이 늘어나고 있다. 이러한 상황에서 CRM은 달라지는 상품이나 점포 운영 기반환경을 활용하기 위한 구체적인 아이디어를 도출할 수 있도록 지원하는 고객이해 측면에서 지식을 생산하는 역할을 크게 늘려가야 한다.

:: 전략적 수준에서 분석할 때 주의사항

백화점에서 설 명절 선물세트를 알리는 카탈로그를 발송할 대상을 골라내는 것과 같은 미시적인 측면의 분석에서는 세부적인 숫자 하나하나가 끝자리 하나까지 중요할 수 있다. 하지만 조직 전체를 바라보고 최근 시점만이 아닌 좀 더 긴 시간을 내다보아야 하는 사업 전략 수준의 분석에서는 지나치게 세부적인 사항을 정확하게 분석하고자 하는 것은 적절하지 않다. 분석에 고려해야 할 사항이 많아 분석이 복잡해지고 오래 걸리기도 하고 세부사항이 많으면 오히려 전체적인 윤곽을 파악하는 데는 방해가 되기도 한다. 고객이 기준이 되는 것이 아닌 상품이나 상권 등 다른 항목들이 기준이 되는 분석이라고 해도 반드시 사업 전략이라는 장기적이고 넓은 범위를 대상으로 하는 분석이 되어야만 하는 것은 아니지만 일단 사업 전략이 큰 그림을 그려내기 위한 목적인 경우에는 분석이 다소 단순화되어야 할 필요가 있다.

전략적 측면의 분석에서 단순함이 중요한 핵심 이유들 중에는 짧은 기간에 대한 것이 아니므로 분석의 대상이 되는 그 기간 중에 주변 또는 내부의 환경이 달라질 수 있는 여지가 크다는 것도 포함된다. 특히 미래의 환경이 달라질 수 있다고 본다면 최근을 기준으로 1원 하나까지 정확하게 만들어진 분석 결과가 가지는 가치는 당연히 크지 않다.

오히려 최근의 특수한 상황을 예로 든다면 일시적인 고금리, 고환율 상황이나 경쟁사 노동조합의 파업과 같은 경우를 매우 정확히 반영하는 분석은 내년, 후년을 내다보는 전략 방향의 결정에서는 오히려 왜곡된 정보를 생산할 수 있기 때문이다. 포괄적으로 사업 전반을 검토하는 과정에서 적어도 일부 부분에 대해서는 이와 같은 매우 특수한 상황의 영향이 분석을 위해 사용되는 데이터베이스에 내용으로 들어가 있으므로 데이터 분석을 하는 과정에서 적절한 가정과 시나리오를 작성하여 활용하는 방식이 필요하다.

결과적으로 전략적 측면의 분석은 미래에 실제로 벌어질 상황과 매우 정확하게 일치하지는 않을 것이다. 앞서 이야기한 환경 변화라는 측면 이외에도 현재와 가까운 미래에 회사 자신이 하게 될 선택으로 인해서 미래의 결과가 달라질 여지도 있다.

하지만 이미 고도로 정비된 그리고 많은 노력과 예산을 투자해 축적한 지식 자산인 고객 데이터를 활용하여 사실에 근거한 사업 전략을 세우기 위한 노력도 단순히 경영진에서 현장 실무자까지를 포함하는 오직 직원들만의 경험만을 활용하여 직관적으로 수립하는 사업 방향이나 전략처럼 많은 빈자리와 허점을 가지고 있다. 이를 채워나가기 위해 고객이라는 축을 중심으로 조직 전체를 보는 통찰력이 필요하다. 이러한 통찰력은 새로운 기회와 방향을 제시하는 데 크게 기여할 수 있는 큰 가치이다. CRM 2.0이 요구하는 조직 전체의 고객중심적인 변화는 이와 같은 고객들 스스로 행동을 통해 제공하는 정보, 즉 행동으로 보여주는 고객의 요청사항이 지시하는 방향을 적극 반영함으로써 가능하다.

PART **04**

목표의 구체화와 재설정

01 고객 유지와 신규 고객 확보
02 교차판매와 고객가치 제고
03 고객불만과 해결
04 떠난 고객 되찾기 : 휴면·이탈 고객 깨우기

01 Customer Relationship Management 2.0

고객 유지와 신규 고객의 확보

:: 고객을 유지하는 것만으로는 완전한 해결책이 될 수 없다

CRM의 등장 배경이기도 하며 전제로 하는 기본적인 사항들 중 하나는 시장이 이미 포화가 되었다는 사실이며 실제로 많은 시장이 포화되었다. 보험업의 예만 보더라도 한두 개 보험상품에 가입하지 않은 가구를 찾아보기가 힘들다. 이 때문에 보험에서 새로운 상품을 판매한다는 것은 경쟁사에 가입된 상품을 대치하거나 기존에 가입한 보험에 얹어 한 고객의 가입상품 수를 늘려가는 것이 될 수밖에 없다. 이러다 보니 근래에는 보험에서 단순히 보험모집인이라는 용어 대신 교차판매 컨설턴트라는 용어까지 등장하였다.

대형 할인마트의 예를 봐도 상권 내에 거주하는 사람들이 이미 어딘가와 거래를 하고 있어 신규 고객을 찾는 것이 불가능해 보인다. 이와 같이 시장이 포화되어 있기 때문에 우연한 기회로 한 번 거래가 있었던 고객을 어떻게든 끝까지 유지하고 그 고객의 모든 거래가 자신과 이루어지도록 만들어가는 것이 필수다.

그러나 시장 전체로 볼 때는 시장이 포화되었다고 해도 고객들이 한 업체와만 거래를 하는 것은 아니다. 한 고객이 한 업체와 주로 계속 거래하는 기간이 수년을 넘지 않는 경우가 많다. 시간이 흐르면서 어떤 이유에서든 상당수의 고객들이 거래처를 바꾼다. 이사를 하기도 하고 직장을 옮기기도 한다. 기존에 이용하던 업체보다 가깝거나 교통이 편리한 곳에 새로운 점포가 생기면 그리로 이동할 수도 있다. 이처럼 아무리 유지하기 위해 노력을 한다고 해도 고객의 이탈을 막을 수 없는 경우가 상당히 많이 존재한다.

결국 고객의 이탈률을 얼마간 줄이는 것은 가능하다고 하더라도 완전히 0퍼센트로 만드는 것은 처음부터 불가능하다. 따라서 동일한 수준의 매상을 유지하기 위해서 기업은 이렇게 자연스럽게 또는 상황의 변화로 인해 빠져나간 고객들의 자리를 채우기 위해 새로운 사람들을 고객으로 확보하는 것 역시도 게으르게 할 수 없다.

여기서 문제는 기존 고객에 대해서는 접촉정보와 구매이력이 존재하기 때문에 이를 바탕으로 CRM이 무언가를 해 볼 수 있으나 잠재적인 신규 고객은 아직 고객도 아니고 그에 대한 정보도 존재하지 않기 때문에 CRM을 통한 활동을 할 수 있는 방법이 마땅치 않아 보인다. 따라서 신규 고객의 확보는 한 사람 한 사람 단위로 개별적으로 접근하는 대신 대중매체를 사용한 광고나 지역 전체를 대상으로 하는 전단의 배포 등 통상 CRM보다는 마케팅 등에서만 주로 다루게 된다. 그렇다면 과연 CRM이 신규 고객 확보를 돕기 위해 할 수 있는 역할로는 어떤 것이 존재할 것인가?

:: 신규 고객 확보 관점의 CRM

개별 고객을 단위로 해서 주로 이루어지는 CRM은 아무런 정보가 없는 상태에서는 독자적인 활동을 하기 어렵지만 다양한 측면에서 지원 역할은 할 수 있다. 그중에서 가장 중요한 부분은 획일적으로 일반 대중을 겨냥했던 매스적인 수단들을 보다 효율적으로 활용하기 위해 타깃을 한정하고 세분화하는 데 기존 고객에 대한 데이터 분석을 활용한다.

업종에 따라서는 고객을 선별해서 접촉하여 고객화할 수 있는 경우도 있지만 대개의 경우 고객이 자발적으로 거래 상대를 선택하여 고객이 된다. 하지만 이런 경우에도 온전하게 고객의 의사에 따른 것으로만 볼 수는 없다. 기업 쪽에서 먼저 어느 길목을 지키는가에 따라 어느 고객을 만나게 될 것인지가 결정되는 측면도 무시할 수 없다. 이때 신규 고객 확보를 지원하기 위한 데이터 분석에서는 고객 데이터베이스에 통상 존재하는 것들 이외의 내용도 대상으로 포함되어야 한다. 지역 단위의 통계나 인구통계집단별 소비 행태 등을 고객 데이터베이스와 결합해 분석하면 상권 내의 어떤 세부 지역에 가능성 있는 고객이 많이 거주하는지, 그 고객들이 주로 어떤 인구통계적 특성을 가지고 있는지에 대한 추측이 가능해진다.

이러한 분석에서는 거주, 이용 지역이나 성별, 연령대 등 구매이력 이외의 항목들이 내부 데이터베이스와 외부 정보를 연결하는 고리 역할을 한다. 따라서 구매이력 이외에 기존 고객에 대해 정보를 거의 가지고 있지 못한 경우라면 기존 고객에 대한 분석 결과와 신규 고객 확보에 대한 타게팅을 연결하기 어려울 수 있다. 따라서 기존 고객에 대한 데이터베이스에 미리 신규 고객 확보를 위한 분석에서 중요한 연결 고리가 될 만한 항목들을 추가로 확보해두는 것도 고려할 만하다.

신규 고객의 확보에서는 사람 수에 지나치게 집착하는 경향이 흔하다. 그러나 몇 명의 고객을 확보하는가보다 더 중요한 것은 새로 확보한 고객이 가진 잠재력의 합계가 얼마나 되는가이다. 따라서 새로 유입되는 고객이 어떤 사람들이고 그중에서 잠재력이 큰 고객이 어떤 사람들인가 하는 특성을 파악해야 한다. 물론 이 분석은 이미 고객의 일부가 된 신규 고객이 대상이 된다. 이 신규 고객들은 아직 완전히 활성화되지는 않은 단계일지라도 구매한 이력이 존재하게 되므로 구매이력에서 인구통계적인 측면의 특성을 파악하는 것도 가능하며 연락처와 주민등록번호 등을 통해 직접적인 인구통계적 특성을 파악할 수도 있다.

예를 들어 백화점에서 첫 구매 시 악기와 교복을 산 여성이라면 학생인 자녀를 둔 주부일 가능성이 높다는 추측이 가능하다. 다만, 자동차와 같은 경우처럼 업종이 특수해서 이런 방식이 적용될 수 없는 예외도 존재한다. 자동차는 일단 구매가 발생된 신규 고객은 다음 구매할 시점이 되려면 오랜 기간이 지나야 하므로 구매 시점이 임박한 잠재고객을 확보하는 것이 더 중요할 수 있다.

신규 고객 유치를 위한 첫 단계로 잠재 고객 명단을 확보하기 위해서 제휴 마케팅이나 다이렉트리스판스 마케팅Direct Response Marketing 등을 활용할 수 있다. 서로 주된 고객층이 겹치는 업종 간에 제휴 또는 공동 마케팅 적합하다. 홈쇼핑과 학습지의 결합은 윈윈을 할 수 있는 좋은 궁합의 예가 될 수 있다.

교육용 도서 등 학부모들에 대해 긍정적인 이미지를 가진 상품을 매개로 해서 제휴 마케팅이 실시된다면 학습지 고객들의 홈쇼핑 이용의 출발점을 찾는 것이 가능할 수 있다. 마찬가지 방식으로 연관된 상품을 매개로 해서 홈쇼핑 이용 고객들에 대해서 학습지 마케팅이 이루어질 수 있으며, 결과적으로 양사가 서로 각자의 고객 베이스를 확장하는 것이 가능하다.

다이렉트리스판스 마케팅은 보험이나 대출, 상조와 같은 업종에서 최근 활성화되고 있다. 이 방식은 광고를 통해 바로 판매로 연결하기보다는 판매를 하기 위한 적극적 활동 대상이 될 수 있는 잠재고객 명단을 확보하는 것에 초점을 둔다. 백화점이나 패션아울렛 등은 다소 특수한 구조를 가지고 있으므로 이를 이용하는 것도 방안이 된다. 백화점을 예로 들면 백화점에 회원으로 가입하여 백화점을 이용하고 있는 고객이더라도 백화점에 입점해있는 각 브랜드들의 입장에서는 해당 브랜드에서 구매가 일어나기 이전에는 고객이라 볼 수 없다. 이 경우 각 브랜드들은 백화점에 고객 확보를 위한 타깃마케팅을 대행해줄 것을 요청하는 방식이 된다.

일반 대중을 상대로 한 마케팅보다는 리스트를 바탕으로 한 타깃 마케팅이 효율적이며 조절할 수 있는 여지가 많다는 장점을 인정한다면 일상적으로 실시되는 각종 프로모션에서 구매를 조건으로 혜택을 주는 방식만을 고수하는 것에서 벗어나서 당장의 구매보다는 잠재고객의 리스트와 그들과 커뮤니케이션 채널을 확보하기 위한 마케팅활동도 강화될 필요가 있다. 구매를 유도하기 위한 커뮤니케이션은 일단 확보된 리스트에서 다시 선별해서 실시한다.

백화점의 예에서 각 브랜드는 일단 백화점의 회원 리스트를 대상으로 브랜드의 회원으로 가입할 수 있도록 하는 내용이 포함된 캠페인을 실시한 후 그 리스트에 대해 구매 유도 메시지를 담은 다음번 커뮤니케이션을 하는 방식이다. 이 과정에서 타게팅은 리스트를 확보해야 할 대상에 대한 타게팅과 확보된 리스트의 마케팅 대상에 대한 타게팅이라는 두 개의 단계로 처음부터 구분해 수행한다

[그림] 리스트 확보와 구매 유도의 대상을 구별한 타게팅의 예

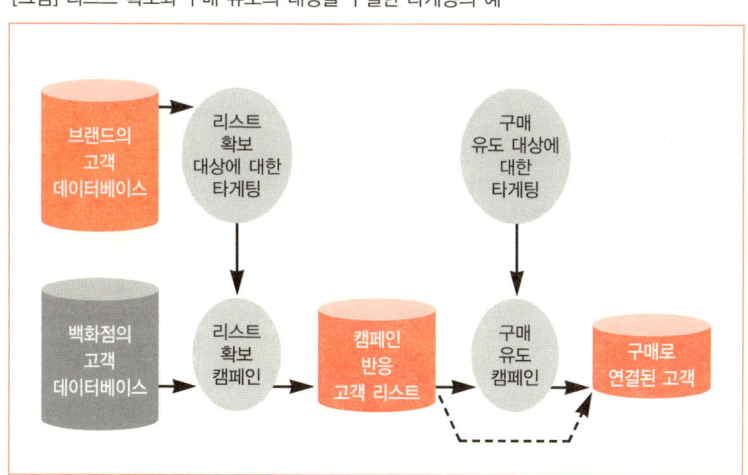

면 더 큰 효과를 얻을 수 있으며 이는 제휴 마케팅이나 다이렉트리스판스 마케팅의 경우에서도 마찬가지이다. 화장품 브랜드의 경우라면 회원가입 가능성과 자사의 주 고객층에 대한 분석 결과를 동시에 고려하여 처음부터 백화점의 모든 고객을 대상으로 하기보다는 회원 중 20~30대 여성만을 또 그중에서도 아파트에 거주하는 경우만으로 한정하여 대상을 정해 리스트 확보용 캠페인을 실시하는 식의 방법을 적용한다면 캠페인의 효율성도 높아지고 구매 유도를 위한 다음 단계 활동에도 더 적합한 리스트를 얻을 수 있다.

신용카드와 보험 등과 같이 신규 고객을 모집하는 전문인력을 두는 경우일수록 특히 기존 고객의 소개, 즉 MGM Members Get Members 방식을 활성화가 중요하다. 이 경우 역시 모든 기존 고객에게 소개를 부탁하는 것보다는 데이터베이스를 분석한 후 대상을

[그림] 고객의 Social Network와 잠재적 가치

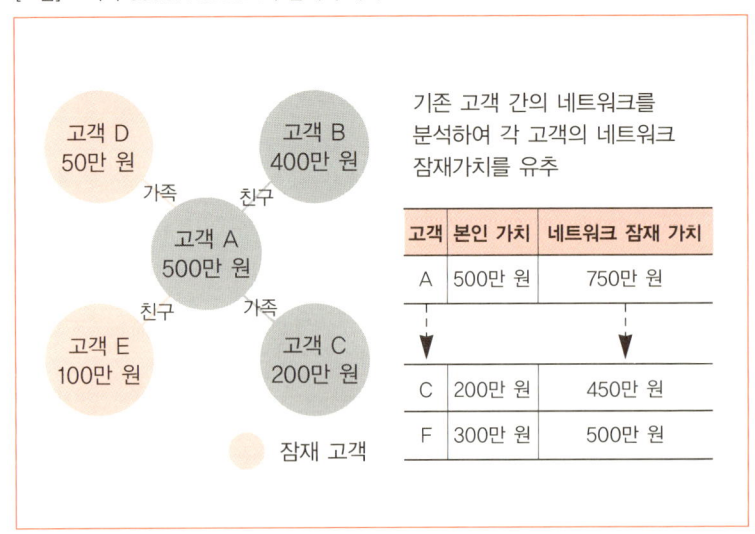

정해 소개를 부탁하는 편이 성과가 있다. 이때는 두 가지 측면을 고려하게 된다. 하나는 소개를 적극적으로 해줄 고객인지와 또 하나는 그 고객이 소개해주는 사람이 새로운 고객이 될 가능성 및 구매력이다.

이와 관련해서 최근에는 고객들 간의 소셜 네트워크Social Network를 파악하려는 시도도 이루어지기 시작했다. 이런 관점에서 보면 고객 한 사람이 직접 제공하는 가치에만 집중하는 것이 아니라 고객이 가진 네트워크의 잠재적 가치를 파악하여 대응하는 것도 중요하다는 것을 알 수 있다. 그리고 일단 네트워크에 대한 이해와 파악이 이루어지면 신규 고객을 확보하는 과정뿐 아니라 기존 고객의 유지를 위해서도 네트워크를 활용할 수 있는 여지가 생긴다.

:: 기존 고객 유지와 신규 고객 확보를 위한 균형과 연계

어차피 얼마나 많은 일을 CRM이 할 수 있는가에 관해 자원이나 능력에서 한계가 있지만 CRM이 기존에 중점을 두고 있는 기존 고객 유지와 신규 고객 확보를 지원하는 두 가지 활동 중 어느 쪽도 버릴 수 없다면 적절한 균형을 유지하는 데 신경을 써야 한다. 단, 기업이 처한 상황에 따라 전체 예산 중에서 고객 유지과 신규 고객 확보에 쓸 부분을 어떤 정도로 배분할 것인지의 선택이 달라져야 한다.

앞서 전제했 듯이 오늘날의 시장이 거의 포화가 되어있다고 본다면 당연히 신규 고객 확보보다는 고객 유지에 투입하는 노력이 좀 더 커야 한다. 하지만 만일 신생 기업이거나 새로운 개념의 업종 또는 시장에 속해 있는 경우라면 신규 고객을 확보할 수 있는 여지가 많을 수 있다. 또한 완전히 새로운 시장에 속해있지 않은 경우에도 새로운 영역으로 사업 분야가 확대되고 있는 상황에서도 신규 고객 확보를 위한 CRM 활동은 중요할 수 있다. 오프라인 유통업체들이 온라인으로 영역을 넓히는 경우가 한 예가 될 수 있다.

한편 기존 고객과 신규 고객 간의 경계선에 서있는 고객들도 구분하여 관리할 필요가 있다. 일회성 고객을 기존 고객의 일부라는 측면에서 완전한 고객으로 볼 수 없기 때문이다. 일회성 고객이라는 개념은 업종의 특성에 따라서 다르게 정의되겠지만 통상 일단 관계가 만들어지고 나면 반복적으로 구매가 이어지는, 슈퍼마켓이나 대형 할인마트와 같은 경우에서 한두 번의 구매는 있었으나 구매가 더 이상 증가하거나 반복되지 않는 고객이다. 이들은 일상적인 구매상황이 아니라 우연히 또는 일시적으로 이용하였으나 주로 거래하는 다른 업체를 가지고 있는 고객들이다. 일회성 고객을 반복 구매가 가능한 고객으로 만드는 작업은 신규 고객 확보와 기존 고객 유지의 경계선에 서있는 작업이다. 따라서 구매수준이 낮은 고객에 대한 관리와는 다른 방식이 필요하다.

예를 들어 자신이 거주하는 지역을 벗어난 다른 지역에서 한 번의 구매를 일으킨 고객이라면 이 고객이 거주하는 지역에 존재하는 인근 점포와 관계가 만들어지도록 한다. 만일 주소는 서울이지만 안양에서 한 번 구매한 적이 있다고 한다면 주소지인 서울에 있는 인근 점포의 행사 내용을 안내해주는 식의 방안이 필요하다. 마찬가지로 이사로 인해 이용이 중단된 고객의 재활성화도 신규 고객의 확보라는 시각에서 보아야 한다. 이사를 통해 고객의 조건이 달라졌다면 이 고객과 관계는 이미 원점으로 돌아간 것으로도 볼 수 있기 때문에 새로운 지역의 적절한 점포와 연결을 만들어주기 위해서는 신규 고객을 확보하는 단계에서와 유사한 방식이 효과적일 수 있다. 간단한 예로 새로운 지역의 점포에서 처음 구매하면 어떤 선물을 제공하겠다는 식의 캠페인의 실시가 가능하다.

좀 더 근본적으로는 전체 고객을 대상으로 각 고객을 내 고객으로 볼 수 있는가에 대한 검토를 다시 해보는 것이 각 고객에 대해 관계의 유지 또는 발전, 아니면 관계를 새로이 만드는 것 중 어느 쪽으로 접근할 것인지를 판단하는 데 중요한 문제일 수도 있다. 단 한 번이라도 거래가 있었다는 것만으로 내 고객이라고 판단하기 곤란한 경우가 많기 때문이다. 이와 관련해서는 고객의 지갑 안에서 얼마큼의 비중을 차지하고 있는지 지갑점유율을 파악하는 것이 중요한 열쇠가 된다. 물론 지갑점유율은 정확하게 파악하기가 현실적으로 어려울 수 있고 이를 추측하기 위해 내부 데이터베이스 이외의 자료를 확보해야 하는 부담도 있다.

예를 들어 대형할인마트에서 일 년 동안 50만 원을 구매한 고객이 있다고 하자. 이 고객의 모든 대형마트 전체의 구매규모를 안다면 이 고객이 내 고객인가를 판단할 수 있다. 만일 다른 대형마트의 구매와 우리 쪽의 구매를 모두 합해 연간 500만 원 정도로 추산된다면 이 고객은 내 고객으로 판단하기 어려우며 이 고객에 대해서 유지를 관리목표로 설정하는 것도 적절하지 않다. 반대로 이 고객의 전체 구매규모가 80만 원 정도에 그친다면 구매수준은 낮더라도 내 고객으로 볼 수 있으므로 유지가 과제가 된다.

> **✔ 용어 설명**
>
> **지갑점유율 Share of Wallet :**
> 고객이 소비하는 전체 금액 중 얼마나 많은 비율이 자신의 회사를 통해서 소비되는가를 나타내는 개념이다. 지갑의 크기는 어떤 품목을 기준으로 하는가에 따라 다르게 계산될 수 있지만 한 고객이 자신의 회사와 얼마나 깊은 관계를 맺고 있는지 또는 자신의 회사가 고객에게 얼마나 중요한가를 알 수 있는 중요한 잣대가 된다.

신규 고객의 확보와 기존 고객의 유지 간에는 대상이나 가용한 접촉 수단, 분석에 사용할 수 있는 정보 등 다른 측면이 상당히 많다. 하지만 이들 중 어느 쪽을 선택하여 집중할 것인가 뿐 아니라 두 가지를 어떻게 연결하고 보완적으로 운영할 것인가 하는 측면에도 현재의 CRM을 고도화하기 위한 여러 측면의 기회들이 존재한다. 이 장에서는 기존 고객이 제공하는 가장 큰 재산인 고객 데이터베이스를 최대한 활용하여 좋은 관계로 발전될 가능성이 높은 잠재적 신규 고객들의 유형에 대해 일종의 패턴을 찾아내는 것을 특히 강조했다. 이는 신규 고객 확보를 위해 기존 고객에게 배우고 힌트를 얻는 것이며 기존 고객이 스스로 제공하는 가치 이상을 기존 고객에게 얻어내는 것이기 때문이다.

02 Customer Relationship Management 2.0

교차판매와 고객가치 제고

:: 고객가치를 높이기 위한 현재 방식의 오류

"사세요 사세요, 무엇이든 사세요, 무엇이든 사시면 보답하겠습니다"

현재의 CRM이 고객에게 전하는 메시지를 요약하면 결국은 이렇다. 타깃마케팅이라고는 하지만 그 내용이라고 해야 무언가를 구매하면 그 대가로 할인 또는 사은품 등의 혜택을 준다는 것을 주된 내용으로 하고 있다.

무엇을 구매했는지도 따지지 않고 그저 구매한 금액의 합계만을 따져서 우수 고객을 가리기도 한다. 고객의 입장에서 본다면 자신이 누구이며 언제 무엇을 얼마나 구매했는가를 정보로 제공했음에도 기업은 그 정보를 전혀 활용하지도 않고 저차원적인 마케팅을 하고 있는 것으로 보일 수밖에 없다. 고객이 언제 무엇을 구매하고 있으니 앞으로 어떤 상품을 언제 구매하기 바라는지에 대해 기업 입장에서는 당연히 해야 할 '제안'을 제대로 하지 못하고 있는 것이다.

기존 고객의 가치가 높아지려면 그 고객이 현재 구매하고 있는 것보다 많은 금액을 구매할 수 있도록 해야 하겠지만 이미 구매가 이루어지고 있는 품목에 대한 사용량을 무제한으로 높이는 것은 결코 쉬운 일이 아니다. 한 기업에서 구매를 하는 고객들은 해당 기업이 판매하는 어떤 품목에 대해서 자신이 소비하는 대부분의 구매를 해버리는 특성이 있기 때문에 그 품목에 대해서 더 많은 구매를 할 여지가 없다. 주유소에서 주기적으로 기름을 넣는 고객은 주로 이용하는 주유소에서 자신이 필요로 하는 기름의 대부분을 이미 넣고 있으니 기름을 사는 양을 더 늘릴 수 없으며 대형 할인마트에서 라면을 사는 고객은 이미 자신이 소비하는 라면의 90퍼센트 이상을 할인마트에서 사고 있으니 더 많은 라면을 살 수 없다는 것 등이 그 예가 된다.

구매가 자주, 반복적으로 일어나지 않는 성격의 업종에서는 이와는 약간 다른 양상을 보인다. 자동차를 한 번 구매한 고객이라면 향후 수년 동안은 더 이상 자동차를 살 수 없을 것이다. 은행에서 주택 구매 시 주택담보대출을 받은 고객이라면 더 이상 주택담보대출을 받을 수 있는 여력이나 이유가 없다. 따라서 이러한 경우에는 같은 품목에 추가적인 구매를 기대하는 것 자체가 난센스다. 그보다는 자동차를 구매한 고객에 대해 자동차 관련 액세서리나 정비 서비스를 판매할 기회를 찾는 것이 현실적이다. 주택담보대출을 구매한 고객에 대해서는 또 다른 장기대출상품보다는 보험이나 연금 또는 단기적인 자금 융통에 필요한 대출을 판매하는 것이 타당한 방안이다.

맹목적으로 고객가치를 올리려고 생각하게 되면 고객이 기존에 구매한 품목에 더 많은 구매가 이루어지는 것만을 생각하게 되지만 고객은 더 이상 같은 품목을 구매할 필요도 이유도 없는 경우가 많다. 따라서 기존에 구매하고 있지 않던 새로운 품목을 이용하도록 하는 교차판매가 이루어져야 한다.

이와 같은 교차판매는 한 번 인연을 맺은 고객에 대해 보다 다양한 품목의 거래 관계를 만들어내고자 하는 것이며 이는 고객의 지갑 안에서 점유비를 높이기 위해 경쟁사에서 고객을 빼앗아 오는 것과도 같다. 교차판매를 위한 노력은 결과적으로 고객과 관계를 강화시킨다. 다양한 품목을 통해 거래 관계가 형성되어 있다면 한 번에 모

[그림] 교차판매와 고객 유지, 고객가치 증가 간의 관계

든 관계를 없애는 것이 고객 입장에서도 결코 쉽지 않다.

실제로 많은 업종에서 구매이력 데이터를 검토해보면, 구매하는 품목이 늘어날수록 고객이 기존에 관계를 맺은 기업과 관계를 끊고 떠날 가능성은 줄어들고 구매하는 금액 수준은 증가하는 패턴이 확인된다. 결국 최종적인 목표는 가치 있는 고객을 유지하거나 고객의 가치를 현재보다 더 크게 만들려는 것이겠지만 그것들을 활동의 목표로 하는 것이 아니라 각 고객이 필요로 하고 원하는 상품과 품목이 무엇인가를 찾아내고 그러한 품목에 대한 경쟁력을 키우며 고객에게 제안하는 것이 실제로 해야 할 활동이다. 이러한 측면에서 본다면 "무엇을 사든 많이만 사주세요"라는 식의 현재의 CRM 또는 마케팅은 최종적인 결과를 얻기 위해서 어떤 중간과정을 거쳐야 하는가를 생각하지 않고 그 최종적인 결과만을 목표로 착각하고 있는 것임을 알 수 있다.

:: 감에 따른 교차판매와 분석에 따른 교차판매

컴퓨터를 사면 인터넷을 연결해야 할 것이고 책상을 사면 의자도 필요할 것이라는 정도는 상식이다. 현장의 고객 접점에 있는 사람들은 취급하는 상품들 사이에 이와 같은 연관성이 있는 경우들을 경험적으로 많이 알고 있다. 일부는 그러한 경험을 바탕으로 고객들이 구매하거나 상담하는 시점에서 추가적인 상품을 구매하도록 권유하거나 제안하여 효과를 보기도 한다. 그러나 문제는 상품과 고객들이 점점 더 다양해지고 한 직원이 처리해야 하는 거래의 건

수가 급속도로 늘어가고 있는 상황에서 사람 머리나 감만으로 연관된 패턴을 찾아내는 것이 쉽지도 정확하지도 않을 수 있다. 게다가 직원들 개개인마다 어떤 상품을 산 사람은 다른 상품도 필요하다는 것에 대해 다른 경험과 생각을 가지고 있기도 하며 축적된 경험을 가진 직원도 영원히 같은 기업에 있지 않으므로 사람이 바뀌면 경험도 사라지는 문제도 있다. 결국 모든 고객들이 구매한 내역이 기록된 데이터베이스를 뒤져서 이러한 패턴들을 자동적으로 찾아내는 방식인 교차판매를 위한 데이터 분석이 필요한 것이다.

교차판매를 위한 분석은 통상 두 가지 방식으로 나뉘는데 그 하

[그림] 교차판매를 위한 분석 - 품목 간 연관성

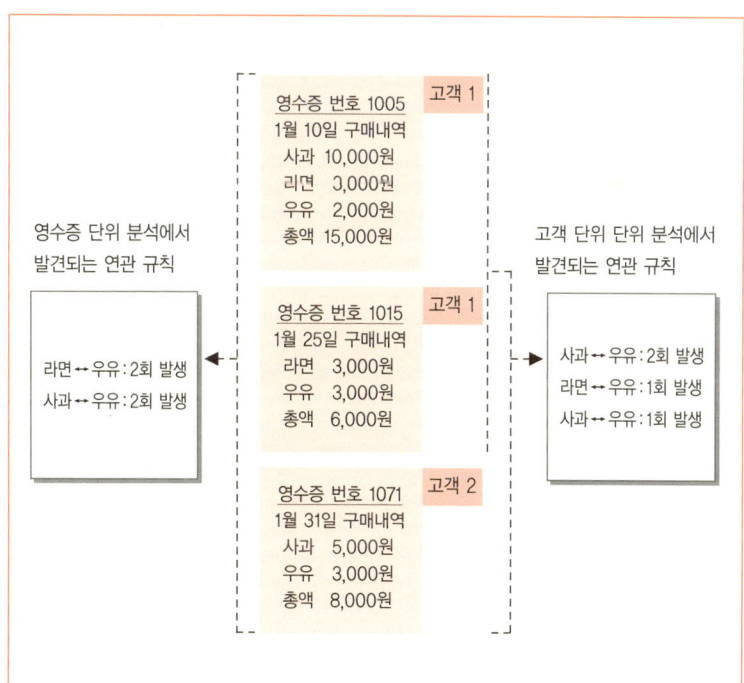

나는 고객별로가 아니라 상품과 상품 간의 관계를 찾는 것이고, 나머지 하나는 상품 각각별로 각 고객이 구매할 가능성을 구해내는 것이다. 이 분석들은 개별 상품을 단위로 할 수도 있고 상품군, 즉 품목을 단위로 할 수도 있다. 앞의 그림에서는 유통업체에서 품목 간의 관계를 연관 관계를 나타내는 규칙의 형태로 찾아내는 분석 결과의 예를 보여준다. 각 영수증을 단위로 해서도 또한 구매한 고객을 단위로 해서도 결과를 만들 수 있다.

이번 그림은 각 고객별로 품목별 구매 가능성을 구한 결과를 예시적으로 보여준다. 예를 들어 고객 1은 라면에 대한 구매 가능성이 매우 높지만 아직 라면을 구매한 적이 없다면 라면을 구매하도록 유도하는 식이 될 수 있다.

이와 같은 분석 방식을 실제로 적용한 사례로 '오피스디포'를 들 수 있다. 사무용품 유통업체인 이 회사는 앞선 예들과 같은 분석 방법들을 적용해 패턴을 찾아내 프린터를 구매하는 고객에게 프린터용 케이블과 잉크를 구매하도록 유도하는 것과 같은 방식을 실행하

[그림] 교차판매를 위한 분석 – 품목별 구매 가능성

고객	사과 구매 가능성	우유 구매 가능성	라면 구매 가능성
고객 1	0.3	0.15	0.8
고객 2	0.2	0.75	0.3
고객 3	0.32	0.4	0.17
……			

였는데 이를 '제한형 판매Suggested Selling'이라고 명명하였다. 매장 내에서 고객이 물건을 고른 뒤 계산하는 시점에서 추가적인 상품을 권유하는 형태이다. 그러나 업종에 따라 이와 같은 방식이 적용되기 어려울 수 있다. 대형 할인마트라면 긴 시간의 쇼핑을 마친 고객이 다수의 품목을 한 번에 계산하는 상황이 된다. 이런 경우 '라면과 우유' 와 같은 교차 권유 대상 품목을 매장 내의 상품진열대에서 안내하거나 하나의 결합 상품으로 묶어 진열하는 식의 교차판촉Cross-Promotion 방법이 사용될 수 있다.

한편 이와 같이 교차판매의 대상이 되는 상품 간의 관계를 찾는 방법에 시점을 고려할 수도 있다. 라면과 우유, 사과를 모두 산다는 것만을 생각하는 대신 라면과 사과를 사면 다음에는 추가로 우유를 살 것이라는 것을 예측하고 라면과 사과를 구매한 고객에게 우유를 사라고 권유하는 것이다. 이 방식에서는 시점의 차이가 있기 때문에 DM이나 문자메시지 등을 통해 각 고객별로 추가로 구매할 가능성이 있는 품목에 대해 미리 권유를 하는 방식이 가능해진다. 이 방식은 식품이나 소모품 등 일련의 같은 품목들에 대해 반복적으로 구매가 이루어지는 경우뿐 아니라 자동차나 컴퓨터, 대출, 보험 등과 같이 간헐적으로 구매되는 품목들의 경우에서도 유용하다.

또 교차판매를 위해 고객별로 각 상품 또는 품목에 대한 구매 가능성을 파악할 수 있다면 이를 바탕으로 구매 가능성이 높거나 고객의 관심이 많을 것들만을 골라 추천하는 방식을 자동화하여 개인화Personalization의 수준으로 운영할 수도 있다. 기술적인 측면에서는 교차판매나 개인화나 같은 원리에서 출발하지만 개인화는 단지 상품을 골라주는 정도에만 머물지 않고, 가격, 시점, 커뮤니케이션의 톤이나 매너, 내용 등 다양한 측면에 적용될 수 있다. 주로 전자상거래 등 웹사이트에 많이 사용되며 간단하게는 교차판매의 확장으로 볼 수 있다. 맞춤형 커뮤니케이션Customized Communication이라는 다른 이름으로도 불린다.

이렇듯 교차판매에서 개인화에 이르는 여러 종류와 수준에서 고객이 어느 상품을 원하는지 또는 구매할 것인지를 데이터베이스로 분석하여 자동적이고 객관적으로 파악하는 방법들이 이미 개발되어 실용화 되어 있으므로 현장에서 좀 더 관련성 있는 제안을 하려면 느끼거나 경험하는 좋은 아이디어를 살리려는 노력에 더하여 감뿐 아닌 데이터 분석을 통한 과학적인 통찰력을 얻어 활용하려는 것에도 적극적인 관심을 기울여야 한다.

:: 고객의 에이전트로서 CRM

2000년경 국내에 소개된 일본 앤더슨컨설팅에서 지은 《고객관계관리》에서는 CRM을 한다는 것은 궁극적으로 기업이 고객의 구매 에이전트가 되는 것과 같다는 주장이 나온다. 여기서 구매 에이전트란 마치 스포츠 스타들이 자신이 활동할 팀을 찾기 위해 각종 섭외와 계약까지를 대신해 줄 수 있도록 에이전트를 두듯이 각 고객이 기업을 자신이 필요한 물건이나 서비스를 구매하는 것을 대신해주도록 맡긴다는 의미이다. 운동선수들은 이와 같이 에이전트를 둠으로써 각종 서류처리를 한다거나 팀을 찾기 위해 시간과 노력을 허비하는 일 없이 운동에만 집중할 수 있게 된다.

마찬가지로 기업이 어떤 소비자의 에이전트가 된다면 소비자는 소비만을 하면 되고 원하는 상품이나 물품은 구매 에이전트인 기업이 전문적으로 조달해준다. 구매 에이전트인 기업은 상품과 상품의 구매 과정에 대해 전문적인 지식과 프로세스를 가지고 있어 고객이 원하는 것을 보다 저렴한 가격에 편리하게 구해줄 수 있다. 그리고 여러 고객을 상대해온 노하우에서 각 소비자가 원한다고 생각하는 것보다 더 크게 만족시킬 수 있는 더 좋은 품질을 가진, 더 편리하게 이용할 수 있는 새로운 상품이나 서비스를 제안해줄 수도 있다.

그렇다면 고객에게는 왜 구매 에이전트가 필요할까? 현대 사회에서 소비자들은 너무나 많은 일들로 바쁘고 정신도 없다. 물건을 사기 위해 어딘가로 가고, 가서 물건에 대한 정보를 얻고 실제로 대금을 지불하고 물건을 인수하고 하는 일련의 소비 내지는 쇼핑이라는 활동에 시간을 들일 수 있는 여지가 부족하다. 쇼핑 외에도 힘든데 쇼핑까지 해야 한다는 것이 스트레스와 피로를 더 크게 하는 일종의 짐이라고까지 할 수 있는 상황이 벌어지고 있다. 특히 금융상품이나 병원을 고르는 일과 같은 경우는 복잡한 내용의 상품인데다 전문적인 지식까지를 요구한다. 이런 일들을 일일이 모든 개별 소비자가 성공적으로 처리한다는 것이 결코 쉽지 않다.

단, 이처럼 고객의 구매를 전적으로 대행하는 에이전트로 기업이 자리를 차지하려면 고객과 기업 간에는 깊은 신뢰 관계가 먼저 만들어져 있어야 한다. 고객 입장에서 믿음이 없는 기업을 에이전트로 고용할 리가 없다. 기업이 일단 고객의 에이전트가 되고 또 그 자리를 유지하려면 기업 입장에서 당장의 수입도 중요하지만 수입 이외의 측면도 동시에 생각해야 한다. 자신의 수입보다는 고객의 성장 발전이 더 중요한 목표가 되어야 한다. 그래야만 결국 자신이 얻는 에이전트 수수료도 커질 수가 있을 것이다.

이는 기업이 자신과 거래를 하고 있는 고객의 가치를 높이고자 한다면 먼저 정반대 입장에서, 즉 고객 입장에서 그 기업의 가치를 높여야만 가능하다. 즉, 고객의 가치를 높이려면 고객에게 가치 있는 파트너가 되어야 하며, 고객에게 가치 있는 파트너로서 구매 에이전트는 고객이 원하는 것을 모두 구해줄 수 있어서 고객이 다른 거래처를 통해 더 좋은 상품을 살 수 있는지 더 좋은 조건에 살 수 있는지 생각할 필요도 없어질 수 있도록 해야 하며, 클라이언트이자 파트너로서 고객의 성장과 발전까지를 염두에 두어야 한다.

고객과 기업 간의 관계를 구매 에이전트로 보는 것이 다소는 낯설기도 하고 추상적이기도 할 수 있으나 그 개념 자체는 결국 CRM이 지향하려는 바를 아주 정확하게 짚어준다. 고객과 일단 관계를 맺은 기업은 점점 더 많은 다양한 품목으로 거래 관계를 확대시켜가야 하며 이렇게 확대되는 거래 관계에서 고객에게 얻을 수 있는 이득, 즉 고객가치가 커질 수 있다. 거래 관계가 확대되는 것을 기업 쪽에서 생각하면 교차판매에 해당된다.

그러나 한 상품의 경쟁력만으로는 교차판매를 위한 관계가 이루어지기 어렵다. 또 좀 더 많은 상품에 대해서 경쟁력이 있다는 것만으로도 충분히 고객의 신뢰를 얻을 수는 없다. 신뢰 또는 관계란 다른 상품에 대해서도 좋은 제안을 해줄 것이라는 근본적인 믿음이 만들어진다. 또 필요 없는 상품을 팔려고 하지도 않고 터무니없이 비싼 가격을 부르지도 않을 것이라는 확신을 가지게 된다.

이러한 신뢰를 기반으로 해서 이루어지는 교차판매는 단지 현재 그 기업이 매장에 내어놓은 것에 국한되지 않는다. 고객이 필요로 하는 상품이 현재 그 기업이 취급하는 것이 아니라면 그것을 조달하기 위해 두 가지 방법을 생각할 수 있다.

먼저 고객의 요구와 필요를 충족할 수 있는 것들로 취급하는 상품의 범위를 확대시켜나가는 것이다. 이는 한편으로는 고객을 위한 것일 수 있겠지만 기업이 자신이 보유한 고객층을 바탕으로 성장하고 변화하는 시장에서 생존하기 위한 실마리가 될 수 있다는 점이 더 중요할 수도 있다. 또 한 가지 방법은 반드시 자사가 판매하는 상품이 아니라도 고객에게 필요한 것이라면 중개라는 방식을 도입해서 고객의 요구를 충족시켜줄 수 있다.

최근에는 은행이나 카드사에서 쇼핑몰을 만들고 유통업체가 입점하는 경우가 있는데 이러한 형태의 접근 방법은 일종의 중개를 통해 새로운 기회를 창출하는 예가 된다.

미국의 아마존의 경우에는 놀랍게도 '노드스트롬'이라는 백화점을 웹사이트에 입점하는 방식으로 중개를 하기도 한다. 아마존은 자신들이 가진 '고객에 대한 이해'를 무기로 고객의 에이전트로 활동하고 중개 수수료를 챙긴다. 물론 이처럼 직접 상품이나 서비스를 중개하고 수수료를 받는 방식뿐 아니라 연결에 대한 정보만을 제공하고 그 대가를 받는 것도 방법이 될 수 있다.

이상 취급 상품을 넓혀가는 방법과 중개를 이용하는 방법 등 두 가지로 구분해보았으나 이들은 결국 고객 기반의 다각화Customer-Driven Diversification라는 말로 요약해 부를 수 있다. 이는 고객이 원하는 방향으로 기업이 진화해가는 것과 고객의 가치를 높이는 것이 동시에 일어나도록 하는 것이다.

정리해 본다면 맹목적으로 고객가치를 올리자는 식으로는 고객가치가 커지지 않으므로 파는 것만을 중요시하고 CRM에서 조차 당장 파는 것만을 중요시하는 지금까지의 모습에서 고객이 필요로 하는 모든 것을 편리하게 고객이 살 수 있도록 해주는 방향으로 업그레이드가 절실하다는 점이다.

고객가치는 구매와 구매에 따른 초단기적인 이익만으로 얻어지지 않는다. 기업 입장에서 고객이 가치가 커지는 것은 고객 입장에서 기업이 가치가 커지는 것의 반대급부로 돌아오도록 되어있다. 한순간 어느 한쪽이 이익을 남길 수야 있겠지만 그러한 관계는 오래 지속될 수 없다.

교차판매는 고객가치를 높이기 위한 중요한 수단으로 인식되고 적극 시도되어야 한다. 기술적인 측면에서 당장 모든 품목에 대해 제안할 수 있는 능력이 없다면 일부 품목을 대상으로라도 시작해야 한다. 더 나아가 상품의 선택뿐 아니라 고객이 필요로 하는 시기와 적절한 금액 등 좀 더 많은 측면에서 고객의 특성과 취향을 파악해 대응할 수 있다면 좋겠지만 그것이 어렵다면 우선 상품의 선택에 대해서만이라도 제안할 수 있어야 한다. 고객에 대한 이해와 통찰력을 바탕으로 하는 교차판매를 통해서 실제로 고객가치가 높아지고 추가적으로 고객과 비즈니스를 할 수 있는 새로운 영역까지도 개척할 수 있다.

03 Customer Relationship Management 2.0
고객불만의 해결

:: 무조건 고객이 왕이라는 생각의 문제점

고객을 무시하거나 고객이 불만족스러운 사항을 이야기해도 못 들은 척 하는 것은 당연히 심각한 문제이다. 고객에 대한 서비스가 매출을 좌우한다는 사실이 상식으로 여겨지는 상황에서 고객불만을 적극적으로 처리하지 않는 경우가 있다면 이는 단순히 귀찮아서나 직원의 의식이나 태도의 문제가 아니라 고객의 요구를 무조건 들어주려면 그만큼의 비용을 감수해야 하기 때문일 수 있다. 따라서 맹목적으로 고객을 무조건 왕으로 모시는 것 역시도 적절하다고 할 수 없다. 그런데도 구체적인 검토를 하기 이전에 우선 고객의 요구는 무조건 수용하고 봐야 하며 그 대가는 분명 언젠가 돌아오게 되어있다는 식의 주장도 심심치 않게 들을 수 있다.

최근 신문에 보도된 한 자동차정비업소의 사례를 보면, 고객이 정비 결과에 대해 불만을 제기하면 환불을 포함해 어떤 요구든 먼저 들어준 뒤에 그 원인을 가린다고 한다. 고객이 나중에라도 정비 결과에 대해 불만을 제기하면 재작업은 물론 환불 요구도 즉시 수용한다는 것이다. 그러나 환불을 해야 할 정도로 수리 결과에 문제가 있는 경우라면 대부분 부품 결함이 원인이기에 다시 부품 공급사에 클레임을 제기할 수 있다. 결국 실제 손실은 최소화하고, 불만을 가졌던 고객은 오히려 단골이 되도록 하는 것이다. 이와 같이 고객의 불만은 줄이되 손실은 크지 않도록 할 수 있다면 고객이 무조건 왕이라서가 아니라 합리적으로 문제를 해결할 수 있다. 이 정비업소는 이와 같은 방식의 채택으로 인해 단골 중 절반 가까이가 멀리서 찾아오는 고객이 되는 결과까지도 얻을 수 있었다고 한다.

아직도 고객이 기업 또는 그 직원들에게 불만에 대한 적절한 해결은 둘째 치고 불친절이나 무시를 당하는 일까지도 매우 흔한 것이 사실이다. 그에 비한다면 이 사례에서 정비업소는 적극적으로 고객의 요구를 들어주고 있다는 점에서 매우 바람직해 보인다.

그러나 이 사례에서 고객이 제기하는 불만을 먼저 들어주는 것은 조건 없다기보다는 주로 발생되는 불만의 원인이 결국은 정비업소 자체의 문제에서 생겨난 것이 아니므로 결국 불만을 처리하는 비용을 정비업소가 부담하는 것이 아니라 부품 공급사에 넘길 수 있기에 가능했다는 점에 주목할 필요가 있다. 모든 경우에 이 정비업소의 경우와 마찬가지로 좋은 해결 방법이 가능하지는 않을 수 있다.

결국 이 사례가 주는 교훈은 기업은 획일적으로 조건 없이 고객만족을 생각하거나 고객불만을 무시하는 식이 아니라 고객들이 주로 제기하는 불만들의 종류와 원인을 검토하여 그중 큰 부담 없이 처리할 수 있는 것들을 골라내어 대응할 수 있는 방안을 각자에 맞게 고안해낼 필요가 있다는 것이다.

:: 고객불만을 어떻게 해결해 줄 것인가

고객들이 불만을 가지는 큰 이유 중 하나는 조직 내에서 각 부문들 간에 일관성이나 연계성이 없이 일하는 것에 기인한다. 어느 점포에서는 대출이 된다고 하고 인터넷 웹사이트에는 대출이 안 될 것처럼 나와있는 경우가 대표적인 예가 될 수 있다.

최근 한 은행의 고객서비스센터 사례에서는 내부의 부서 또는 부문 간 원활한 커뮤니케이션만으로도 90퍼센트 이상의 고객불만이 해소될 수 있었다고 한다. 원활한 커뮤니케이션은 고객의 요구가 어떤 식으로 처리될 수 있는지를 고객에게 알려줄 수 있기까지 시간을 대폭 줄일 수 있다. 대부분의 사람들이 불안정한 상태에서 기다려야 하는 것에 매우 큰 불만을 가지게 되기 쉽기 때문이다.

사실 불만이 있더라도 그에 대해 적극적으로 이야기하는 고객의 수는 극히 일부이다. 그중에서도 다시 극히 일부만이 상습적으로 그리고 조금은 거칠게 불만에 대해 토로한다. 상습적인 경우와는 별개로 불만이 있으나 이야기하지 않는 다수의 고객들이 불만을 숨김없이 이야기할 수 있도록 분위기를 조성하는 것이 중요하다. 숨김없는 불만의 표시가 이루어지지 못한다는 것은 관계를 중요하다고 생각하지 않거나 신뢰를 가지지 못하였거나 둘 중의 하나이다.

적극적으로 고객불만을 파악할 수 있도록 하는 기반구조도 중요하다. 고객이 불만을 가질 수 있다는 것은 자연적인 현상이라는 점을 인정하고 고객의 불만이 편안하게 노출될 수 있고 불만 해결이 고객과 기업 간에 협력에 따른 일상적으로 이루어지며 그 결과가 순간순간의 문제를 해결하는 것뿐만 아니라, 불만 발생의 소지가 생기지 않도록 제도적 보완을 하거나 사후적으로라도 문제를 검토하여 고객의 이해가 부족했던 부분에 대해서는 적절한 설명이 이루어질 수 있도록 하는 시각이 필요하다.

다음의 그림은 한 신발류 전문 유통업체가 웹사이트를 통해 고객불만이 쉽게 접수될 수 있도록 한 예이다. 이 사례에서는 마치 인터넷 신문기사에 댓글을 달 듯이 주 고객층인 청소년들이 편안하게 자신의 불만을 말할 수 있도록 유도하고 있다. 또 같은 통로를 이용해 불만뿐 아니라 문의사항이나 칭찬을 하는 것도 가능하도록 했다.

불만을 표출한 고객이 있다면 그 불만에 대해서 우리의 잘못과 고객의 잘못에 대한 객관적인 검토가 필요하다. 아무리 상습적으로 불만을 이야기하더라도 또는 아무리 거칠게 항의한다고 해도 고객의 불만이 타당한 것이라면 그 불만을 해결하기 위해 모든 방안을 동원해야 한다. 하지만 만일 고객의 불만이 합리적이지 않은 경우라면 무조건 고객의 요구를 받아주는 것도 옳은 선택은 아니다. 여기서 이성적으로 생각한다면 같은 문제를 경쟁사는 어떻게 해결해 줄 것인가를 중요한 잣대로 삼을 수 있다. 일단 문제가 생겼으니 고

[그림] 온라인을 활용한 고객불만의 적극적 접수

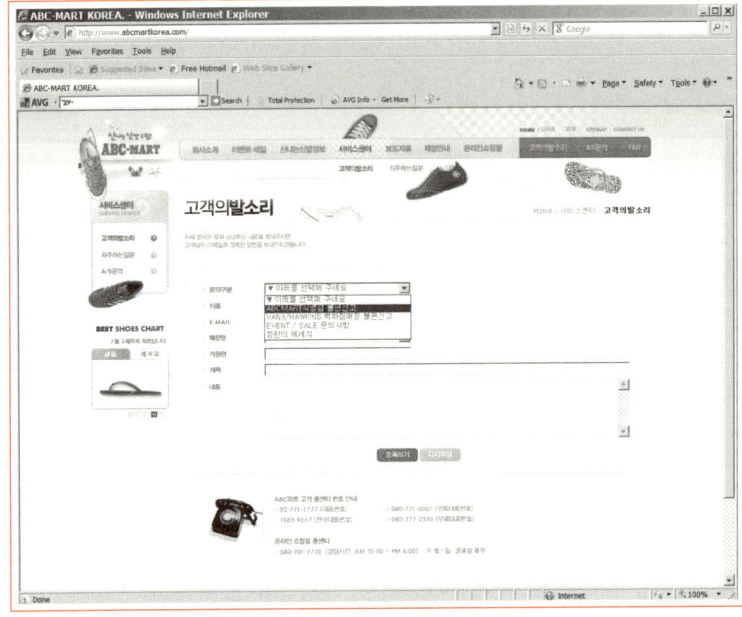

객이 원하는 대로 무제한으로 해주겠다는 방식으로 문제를 해결하려 하는 대신에 어디에서도 이 이상의 대안은 제시할 수 없을 것이라고 생각되는 점을 기준으로 삼아야 한다.

일단 긍정적으로 불만이 해결되는 경험을 한 고객은 기업에 대한 로열티가 증가한다. 앞으로도 만일 문제가 생긴다면 그 기업에서 원활하게 해결해 주리라는 믿음이 생기기 때문이다. 고객불만의 해결 과정은 고객과 장기적인 관계를 형성하는 중요한 순간이다. 그렇기 때문에 더더욱 불만의 종류와 이유, 타당성에 따른 서로 다른 대처가 필요하다. 마치 의사가 환자의 상태와 증상 그리고 그 잠재적인 원인을 검토한 후 처방을 하는 것과도 다르지 않다.

:: 고객불만 해결의 잠재적인 가치와 파급 효과 검토

　규정이나 회사 내부의 상황을 떠나서 고객이 그 문제로 인해 얼마나 큰 불편 또는 피해를 감당해야 하는지에 대한 파악이 필요하다. 만일 그 문제를 해결해주는 데 회사 입장에서 불필요하다고 생각되거나 예상치 못했던 지출이 일부 발생되더라도 고객의 어려움이 그 이상으로 크게 해소될 수 있다면 투자할 가치가 있다.
　어느 항공사의 직원은 탑승수속을 하던 고객에게 한 사람당 허용되는 것 이상으로 많은 짐을 실으려 한다고 허용할 수 없다고 강하게 이야기했던 사례가 있었다. 당시 고객은 항공권을 구매하면서 이용했던 여행사에서 들었던 이야기에 맞춰 짐을 준비했으니 당연히 불만을 표시했다. 만일 규정대로 처리한 것이라면 직원은 잘못이 없다고도 생각할 수 있다. 하지만 장거리 여행을 해야 하는 고객이며 이미 모든 짐을 꾸려 공항에 있는 상황이 고객에게 여행사의 이야기는 규정에도 없는 것이며 항공사에서는 아무런 조치를 해줄 수가 없다고 오히려 화를 내는 식의 대응은 문제를 해결하는 합리적인 최선의 방법은 아니다.
　마일리지를 차감하든지 또는 얼마간 고객에게 추가 비용을 부담하게 하는 방식으로라도 그 특수한 상황을 해결하는 쪽으로 대안을 제시하는 것이 그 순간에 필요했다. 결국 그 고객에게 그 항공사는 잊지 못할 나쁜 기억을 주었을 뿐 아니라 탑승수속을 기다리며 줄을 서있다가 그 현장을 목격한 다른 고객들에게도 역시 좋지 못한 기억을 남겼을 것이다. 이러한 문제가 벌어진 것이 단순히 한 직원의 잘못이라고 하기보다는 근본적인 원인은 어떤 상황에서 어떤 고객불만이 발생될 수 있는가에 미리 체계적인 대비를 하지 못한 항공사의 시스템적 구조에서 찾아야 한다.

고객불만이 발생되게 되는 가장 큰 원인은 직원들의 고객응대 과정에서 비롯되는 것이라는 조사 결과에 주목할 필요가 있다. 이는 고객불만의 예방을 위한 방안을 접점 자체에서 찾아낸다면 예방도 가능하다는 것을 의미하기 때문이다.

고객 불만이 발생 되는 원인

- 말투가 퉁명스럽다
- 고객의 기대에 미치지 못하는 서비스
- 서비스 지연 또는 약속 불이행
- 단정적인 거절
- 직원의 실수와 무례한 태도

고객의 기본 욕구

- 기억되기를 바라는 욕구
- 중요한 사람으로 인식되고픈 욕구
- 칭찬과 존경을 받고 싶어하는 욕구
- 환영받고 싶어하는 욕구
- 편안해지고 싶어하는 욕구
- 기대를 수용해주기를 원하는 욕구
- 고객가치와 고객만족 간의 균형

단순히 불만이 나오는 그 순간에 불만을 해결하는 수고를 달게 받을 것인가를 결정하기 위해서만 고객불만을 적극적으로 파악하고자 하는 이유가 되는 것은 아니다.

고객문제의 해결 사례는 매우 강력한 마케팅 도구가 된다. 웹사이트의 고객게시판에 만족하지 못한 고객들의 항의만 가득한 경우와 일부라도 성공적으로 고객과 기업이 함께 고객의 문제를 해결한 사례가 보이는 경우는 극과 극의 차이가 있다.

:: 업그레이드된 고객불만 관리의 조건과 과제

고객불만의 내용이 충분히 기록되지 않는다면 고객불만을 제대로 구분하는 것이 불가능하다. 고객불만 유형과 원인에 대한 구분을 제대로 하기 위해서는 상세한 기록이 존재해주어야 한다. 원인의 파악과 구분에도 체계적인 방식이 도입되어야 한다. 수백만 건 고객불만을 검토하는 것 자체만 해도 사람의 힘만으로 처리하는 데 한계가 있다보니 정보기술의 활용이 절대적으로 필요하기도 하다.

세계적인 컴퓨터업체인 HP의 경우에는 고객서비스에서 텍스트 마이닝 기법을 활용해 고객의 요구사항에 대해 분석한다. 프린터나 컴퓨터에 문제가 생긴 고객들의 전화 내용을 일단 콜센터에서 접수하면서 텍스트로 기록한 후 이에 텍스트 마이닝 방식을 적용하여 어떤 종류에 해당하는 문제이며 어떤 방식으로 해결 가능한지를 자동적으로 구분해낸다. 이렇게 분석된 데이터는 보다 빠르게 고객의 문제를 해결할 수 있도록 해주며 동시에 필요한 부품의 공급이나 서비스 인력의 운영 등 고객서비스를 담당하는 부문의 업무 프로세스의 효율성도 높여준다.

고객들은 본인의 책임 여부를 떠나서 문제가 생기면 불만이 커지기 마련이다. 따라서 불만이 제기된 상황에서는 과정과 규정, 정책에 대한 고객이 알아들을 수 있을 정도의 납득할 만한 설명이 우선이다. 어차피 고객이 원한다고 그대로 해결해주는 것은 제한된 자원으로는 불가능하다. 우선 설명을 통해 고객의 진노를 누그러뜨려야 다음 단계에서 합리적인 대화가 가능한 상황으로 이어질 수 있다.

한편 모든 경우에 미리 대비할 수 없다는 것을 생각한다면 고객 불만 발생 후의 신속한 해결을 위한 사전적인 자원 준비도 필요하다. 고객의 불만을 해결해주자면 그에 따른 비용과 노력이 들어갈 수밖에 없다. 그에 대해 미리 대비가 되어 있지 못하다면 자원의 제약으로 인해서 반드시 대처해야 할 부분에 대해서도 대처하지 못하는 상황이 발생될 것이 뻔하다.

사후적인 대응이 원활한 것도 중요하지만 미리 막는 것만큼 바람직한 것은 없다. 불만의 발생에 대한 예방을 위해서는 불만이 발생될 수 있는 상황에 고객이 들어가는 것을 적극적으로 말리는 것에서 출발할 수 있다. 신용카드대금을 하루 이틀 연체하는 일이 반복되는 신용카드사 고객들을 예로 들어보면 그중 상당수는 현금 흐름이 나빠서 또는 돈이 없어서라기보다도 바쁘다 보니 언제 얼마를 내야 하는지를 기억하지 못했거나 은행 업무시간에 맞추어 처리하지 못하는 등으로 인해 연체가 발생되는 경우가 많을 것이다. 이때

카드대금을 내야 하는 날이 언제인지를 휴대폰 문자메시지 등을 이용해서 며칠 전에 알려주고 이용대금이 얼마인지를 알려준다면 이런 유형의 연체는 상당히 줄어들 수 있다. 이런 예방적 서비스를 하는 데 큰 비용이 드는 것도 아니며 또 모든 고객을 대상으로 할 필요도 없다. 한두 번 이런 유형의 연체가 있었던 고객들만을 선별해 예방적 서비스를 해주면 될 것이기 때문이다.

고객불만에 대한 관리는 CRM에서 매우 중요한 항목이다. 사소한 문제 하나를 해결해주지 못하고 또 해결해주려는 노력이나 의지조차 보이지 않으면서 한쪽에서는 고객에게 정성스런 엽서를 손으로 써 보낸다고 해서 고객들이 감동하고 관계를 지속하거나 발전하려 할 리는 만무하다.

고객불만의 해결 관점에서 CRM의 고도화를 위해서는 체계적이면서도 장기적인 사고가 필요하다. 한순간의 손해가 아니라 장기적 가치 측면에서 합리적인 판단이 필요하다. 3년을 유지할 수 있는 고객이라면 그 순간에 문제를 해결해주는 데 들어가는 비용만이 아니라 3년 내에 문제 해결에 들어간 노력과 비용이 회수될 수 있는가가 판단기준이 될 수 있다. 불만의 유형과 원인, 해결에 필요한 비용을 구분한 획일적이 아닌 상황과 고객에 따른 선택적인 대응이 시스템적으로 이루어져야 하며 반복적인 처리 과정의 비용을 줄일 수 있는 방안도 강구되어야 한다.

04 Customer Relationship Management 2.0

떠난 고객 되찾기 : 휴면, 이탈 고객 깨우기

:: 고객이 떠나는 다양한 이유

기업 입장에서 구매가 계속되면 관계가 지속되고 있다고 생각하게 된다. 하지만 고객은 여러 가지 이유로 인해서 기존에 거래해온 기업을 떠나게 된다. 어쩔 수 없는 경우도 있고 특별한 이유 없이도 거래처를 바꾸기도 한다.

그러므로 떠난 고객을 되찾으려는 노력 이전에 고객들이 떠나는 이유를 나누어보는 것이 필요하다. 이사는 고객들이 거래처를 바꾸는 가장 큰 이유 중 하나이다. 한국은 이사율이 연간 20~25퍼센트로 상당히 높은 편에 속한다. 이는 4~5년에 한 번은 이사를 한다는 의미이다. 많은 큰 기업들이 전국적인 점포망을 가지고 있지만 이사를 하게 되면 같은 기업과 계속 관계를 유지할 수 있는 가능성은 떨어진다. 접근성은 특히 유통에서는 매우 중요하다.

  고객 입장에서 백화점이나 슈퍼마켓, 대형 할인마트뿐 아니라 은행의 경우에도 불편을 감수하면서 멀리 있는 점포를 이용하기 어려워지는 것이 사실이다. 성인이 아닌 경우에는 부모가 이사함에 따라 자동적으로 활동무대가 바뀌게 된다. 이사에 따른 이용이 불편해질 수 있는 특성을 가진 업종이라면 기본적으로 매년 20퍼센트 이상의 이탈이 발생되는 것은 감수할 수밖에 없다. 그렇다면 고객 이탈의 원인이 고객의 주소 또는 활동장소가 바뀜에 따른 것인지를 파악할 필요가 있다.

  여러 가지 측면에서 고객의 생활에는 시간이 지나면서 많은 변화가 온다. 유치원생이 졸업하면 초등학교에 들어가게 되고 대학생이 졸업하게 되면 사회에 진출하게 된다. 사는 곳과 함께 직업이 변동되게 된다. 부모와 함께 살던 청소년들이 부모에게서 독립하게 되기도 한다. 대학생들이 군에 다녀오는 동안에도 상당한 변화를 겪게 된다. 결국 고객이 떠나는 이유는 오직 기존에 이용하던 기업이 무언가를 잘못했다거나 서운한 점이 있어서만은 아닐 수 있다. 휴대폰을 바꾸면서 이용하던 통신사를 바꾸는 경우는 진짜로 떠나는 경우의 대표적인 예이다. 그러나 이 경우는 머지않아 다시 돌아올 가능성이 있다는 점에서 다른 경우와는 차이가 있다.

  기업이 고객의 이탈에 대해 심각하게 생각하는 것만큼 고객이 기존의 관계를 정리하는 것에 대해서 심각하게 생각하지 않을 수 있다. 기업은 관계라고 생각했지만 고객은 편의의 수준이었을 뿐일 수 있다. 고객은 관계를 정리한 적이 없으나, 다만 구매나 방문이 뜸했을 뿐일 수 있다. 이탈이 아닐 수 있다. 일정기간 구매가 없었으니 관계를 정리한 것이라는 일방적인 판단은 적합하지 않다. 특히 구매주기가 길고 고객 입장에서 선택의 폭이 많은 업종인 신사복과 같은 경우라면 이탈이라는 개념 자체가 다른 업종에서와는 다르게 생각되어야 한다.

이와 같은 다양한 상황과 유형을 무시하고 천편일률적으로 '떠나가신 고객님 돌아오세'라고만 호소하는 것은 매우 초보적인 CRM에서나 할 만한 일이다.

:: 떠난 고객 되찾기의 첫 번째 단계는 이탈 유형의 분류

회원제인 경우라면 회원에서 탈퇴하는 명시적인 방식으로 고객이 떠나가는 장면이 분명하게 포착될 수 있겠지만 대개의 경우 고객과 관계가 유지되고 있는가를 판단하기 위해 사용할 수 있는 근거는 구매이력상에서 고객이 얼마나 오랫동안 구매를 하지 않고 있는지 정도뿐이다. 그렇기에 이탈을 판단하는 데에도 기업 나름의 판단기준 설정이 필요하며 그 기준에 비추어 이탈이라고 판단되는 경우에 대해서는 다시 그 종류를 구분하는 작업이 필요하다.

이탈의 유형을 분류하는 방식의 한 가지 예로 자발적 이탈과 비자발적 이탈, 시장 이탈과 경쟁사로 이동으로 유형을 구분하는 것을 생각할 수 있다. 비자발적 이탈에는 이사나 이민, 사망, 군입대 등 불가피한 상황들이 포함될 수 있다. 시장 이탈의 경우는 해당 품목에 대한 구매 자체가 없어지는 것이다. 더 이상 휴대폰을 사용하지 않게 되는 경우가 예가 될 수 있다. 시장에서 이탈하지 않았으나 구매는 감소하거나 완전히 없어졌다면 경쟁사로 이동으로 볼 수 있다. 막연히 이탈이라고 간주하던 경우들을 이와 같은 방식으로 구분해보게 된다면 그중 상당부분은 비자발적이거나 시장 자체의 이탈임을 알 수 있게 된다.

일단 이와 같은 분류가 이루어지고 나면 이탈 고객을 되찾기 위한 활동이 좀 더 구체적이고 세분화된 내용으로 바뀔 수 있으며 고객들에게 보내는 메시지는 각각의 유형에 맞게 명확하고 설득력 있는 것이 될 수 있다. 물론 이탈의 유형을 구분하는 기준은 자발적 여부와 시장 이탈 여부라는 것만이 아닌 또 다른 것이 될 수도 있다.

단, 이탈이 자발적인지와 시장 전체에서 이탈한 것인지 등을 파악하기 위해 필요한 정보를 100퍼센트 정확하게 그리고 모든 이탈 고객에 대해서 얻기는 쉽지 않다. 은행이나 카드사와 같은 경우라

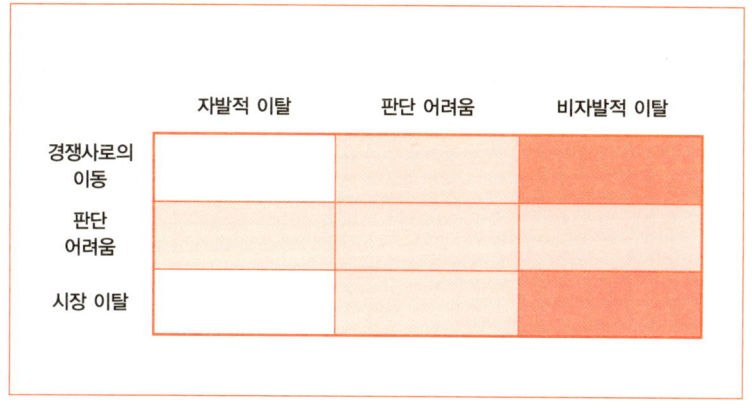

[그림] 고객 이탈의 유형 분류

면 금융이라는 특성 때문에 타사 이용내역을 파악하는 것이 비교적 용이할 수 있으나 모든 업종에서 그러한 정보가 가용한 것은 아니므로 고객 이탈 유형을 분류하는 것은 그만큼 어려운 일이다. 하지만 제한적인 정보 또는 다른 정보에서 유추 내지는 추측을 하는 것을 통해서 전체는 아니라도 어느 정도라도 구분이 될 수 있다면 적어도 그에 따른 일정부분은 효과를 기대할 수 있다.

자동차업체의 경우라면 기존 고객들과 접촉을 통해 현재 보유 또는 이용하고 있는 차량이 중고차인지, 타사에서 구매한 차량인지, 현재는 자동차를 이용하지 않고 있는지를 고객들에게 직접 물어보는 것도 가능하다.

이사와 관련해서는 고객의 현 주소만 정확히 파악해도 고객이 어떤 유형의 이탈을 보인 것인지 추측 가능할 수 있다. 대형마트의 경우라면 생활을 위해 필수적인 경우이므로 100퍼센트의 시장 이탈이라는 것이 구조적으로 불가능할 수 있다. 주소가 변경된 경우라면 해당 지역의 상권에 경쟁사가 어떻게 위치하는가를 검토하면 경쟁사로 이동인지를 판단할 수 있다.

백화점에 주로 입점해있는 패션 브랜드라면 백화점에는 이용이 있으나 자사의 매장에는 들리지 않는가의 여부를 확인하는 것이 중요할 것이다. 내부에서 이탈이라고 판단된 고객들에게 해당 백화점 점포는 계속 이용하고 있는가를 우회적으로 물어본다면 경쟁사로 이동 여부를 확인하는 것이 가능하다. 물론 모든 브랜드에 대한 구매이력을 가지고 있는 백화점의 도움을 받는 방법도 존재한다.

구매는 이루어지지 못하더라도 접촉은 계속 이루어지고 있는가를 확인하는 것도 중요하다. 이메일, SMS 등 고객과 접촉에서 문제가 발생되는 경우에서 고객의 신상에 변화가 생긴 것을 확인하는 것도 일부 가능하다. 군 입대를 한 경우라든지 업무로 외국에 나간 고객이라면 장기간 SMS가 제대로 도착되지 않고 이메일을 개봉하지 않을 가능성도 높다. 이 경우라면 돌아왔을 때 다시 이용하도록 '되찾기' 단계를 대비하는 것이 중요하다.

이탈의 유형을 분류하는 것은 이탈 방지를 위한 노력의 대상을 정확하게 파악하는 데도 중요하다. 자발적·비자발적 이탈에 대한 구분조차 하지 않은 채 이탈을 정의하고 그러한 구분을 바탕으로 해서 기존 고객의 이탈 가능성을 예상하게 된다면 정확하지도 않고 실행 과정에서 고객들이 의아해 하는 결과로 연결될 수 있는 문제가 있다. 이탈 방지 노력은 자발적 이탈을 막는 데 집중되어야 고객들이 보기에도 수긍이 갈 것이기 때문이다. 또 더 이상 해당 품목에 대해서 구매를 하지 않으려는 고객을 막고자 하는 것, 즉 시장 이탈의 방지보다는 경쟁사로 이탈을 막는 것이 월등히 성공 가능성이 높을 것도 생각할 수 있다.

:: 금전적 혜택만으로 되찾으려는 시도의 함정

고객이 떠나가는 것에는 다양한 이유가 존재할 수 있다는 점을 생각한다면 돈으로 모든 것을 해결하겠다는 획일적이고 안일한 발상에서 벗어나야 할 필요가 있다. 가격 할인은 대처가 가장 쉽게 선택할 수 있는 방법이기에 많이 의존하게 되는 것이지만 따지고 보면 모든 것을 해결할 만큼 남는 돈이 많은 기업도 별로 없다. 한 예로 주차시설이 불편하다는 점 때문에 이탈한 고객을 생각해보면 만원 상당의 할인쿠폰을 보내주면 한 번 정도 다시 들릴 수는 있을 것이다. 이탈의 진정한 원인에 대해서는 전혀 알지도 못하면서 단순히 이탈이 있었다는 사실만을 파악하고 일시적인 혜택으로 고객을 되돌려 보고자 하는 발상이다. 그러나 이런 경우 그 한 번의 할인을 이용하려고 들릴 수는 있지만 그 한 번의 할인 때문에 다시 그 점포로 완전히 발길을 돌리는 경우는 많지 않다. 여전히 주차시설은 불편하며 달라진 것이 없기 때문이다.

결국 마치 일시적으로는 어떤 효과가 있는 것처럼 보이는 경우도 있지만 사실은 비용만 낭비할 뿐 근본적인 해결책 없이는 떠난 고객을 되찾는 것이 쉽지 않다. CRM에서 고객의 이탈을 사전에 방지하고자 하는 가장 큰 이유도 바로 한 번 떠난 고객을 되돌리기는 이전에 전혀 관계가 없었던 고객을 유치하기보다도 더 어렵기 때문이다.

효과적이지 않은 금전적 혜택에 의존하기보다 고객이 떠나고자 하는 이유를 물어보고 분석해보는 것이 필요하다. 고객이 떠나려는 이유가 기업 쪽의 변화로 해결 가능한 이유 때문이었다면 돈을 쓰거나 조건 없이 고객에게 돌아와달라고 매달리기 이전에 고객이 돌아올 만한 이유를 먼저 만들어주는 것이 우선이다. 앞에서와 같이 주차장 시설의 불편함으로 인해 떠난 고객들이라면 주차장 시설을 개선한 후 그 소식을 전해주는 것만으로 발길을 다시 돌릴 수 있는 가능성이 존재한다. 고객들도 사람이다보니 관계를 맺은 적이 있었던 기업이 진지한 뉘우침과 반성을 하는 기색을 보인다면 다시 한 번 생각할 수 있는 인정을 가지고 있다. 떠나간 고객들이 불편했고 불만족스러웠던 부분을 고치는 것은 떠난 고객들 중 일부를 되돌리는 효과뿐 아니라 지금 현재 관계를 맺고 있는 고객들이 떠나는 것을 미리 방지하는 작용을 하게 된다는 점에서 더욱 중요하다.

CRM 1.0이 떠나가는 고객들이 아까우니 이들을 한 사람도 빠짐없이 모두 되찾겠다는 욕심만 가득한 유아적 발상에 머물렀다면 CRM 2.0에서는 고객 이탈 유형을 분류하고 각 유형의 이탈 원인을 검토하여 효율적으로 이탈 고객을 되돌리는 동시에 앞으로 떠나갈 수 있는 고객들의 유출을 사전에 방지하는 방식이 적극적으로 시도되어야 한다.

PART 05

기반 구조의 업그레이드

01　CRM에 대한 역할과 책임
02　채널의 통합과 IMC
03　기계 – 인간 협동 프로세스의 구축
04　고객정보 관리의 현실적 제약
05　규모의 경제와 혁신

01 Customer Relationship Management 2.0

CRM에 대한 역할과 책임

:: CRM의 주인은 누구인가

많은 사람들이 CRM은 CRM 전담 팀이 책임지고 하는 일이라고 생각한다. 그러나 CRM의 본래 개념이나 특징을 생각해보면 이는 옳은 생각이 아님을 쉽게 알 수 있다. CRM의 주인은 결코 CRM을 전담하는 겨우 몇 명에서 몇 십 명으로 구성된 일개 부서가 될 수 없다. CRM이라는 이름을 달고 있는 부서의 사람들은 고객과 만나는 접점을 실제로 담당하지도 않는다. 이들은 그저 CRM을 기획하고 지원하는 스태프 그 이상은 아니다. 이들이 모든 것을 책임지는 것은 가능하지도 않고 바람직하지도 않다. 누가 CRM의 주인인가에 대해 근본적으로 잘못된 생각이 팽배해있다. CRM이 사상이며 활동이라고 본다면 그것을 받아들이고 실행하는 주체가 되는 모든 사람이 그 주인이 되어야 한다. 그리고 그들 모두가 연대해 책임을 지고 권한을 행사해야 하는 것이다.

그런데도 CRM과 관련하여 조직 내부에 주인의식을 가진 사람이 많지 않다는 것은 CRM 성공을 저해하는 매우 결정적인 이유일 수 있다. 비단 CRM뿐만 아니라 많은 경우에 가능한 말단에 있는 사람들까지 의사결정에 참여하게 하면 더 나은 결과를 얻을 수 있다. 뿐만 아니라 구성원 개개인의 발전 속도도 더 빨라지고 맡은 일에 열의를 갖고 더 효율적으로 움직인다. 기적적인 변화도 스스로 참여하면서 주인의식을 가지는 경우라면 가능할 수 있다. 의사결정에 참여함으로써 직원들의 주인의식은 커진다. 머리를 맞대고 결정을 함께 내려 목표를 공유한 직원들은 자신의 일을 소중히 여길 뿐 아니라 회사의 미래도 중시하게 된다.

따라서 CRM의 실제 주인이라 할 수 있는 고객 접점에서 스스로 직원들이 주인의식을 느끼도록 하려면 CRM이라는 이름 아래 이루어지는 활동과 관련된 의사결정에 참여시켜야 하고 공식적으로 역할을 인식시켜 주고 책임을 지워야 한다. 상식적으로도 의사결정을 할 수 없는 주인은 없다.

CRM이 CRM 전담부서 한 곳만의 임무가 아님을 인정하는 경영진의 경우에도 의사결정 권한도 주지 않고 참여하지도 않으면서 주인의식이 없다고 탓하는 경우도 많은 것이 현실이다. 한편 CRM을 전담하는 부서 스스로가 잘못된 인식을 가지고 있는 경우도 있다. 조직 전체의 CRM이 자신들에게 달려있다는 사명감을 가지는 것까지는 나무랄 수 없겠으나 자칫 스스로가 원하는 방향 또는 스스로 성과를 입증하기에 용이한 방향으로만 CRM이 수행되어야 한다는 식의 소승적인 발상은 지양되어야 한다. 조직 전체가 없다면 CRM도 없기 때문이다. CRM 부서는 흔히 고객들의 이탈을 줄이는 것을 부서의 중요한 목표로 이야기한다.

그러나 고객들이 이탈하는 주된 이유를 보면 점포의 접근성이 나쁘다든가, 점포 내 매장의 시설이 나쁘다든가 상품의 구색이 다양하지 않다든가, 가격이 다른 기업에 비해 비싸다든가 등이다. CRM 전담부서가 독자적으로 해결할 수 없는 종류의 문제들이 대부분이다. 이런 경우라면 CRM 전담부서는 어떤 문제가 우선적으로 해결되어야 하며 현실적으로 해결 가능한 것인지를 파악하고 문제 제기하는 기능을 해주어야 한다. 그리고 나서 제시된 해결 방안의 후보들 중 실제로 특정 상품의 가격을 낮추거나 점포의 시설을 변경하는 등의 작업은 전사적인 차원에서 또는 해당 문제에 직접 관련된 부문에서 주도적으로 수행될 수밖에 없다.

:: 부문별로 CRM에 대한 역할과 임무

CRM은 관련된 범위가 넓다 보니 여러 부문이 협동하여 수행해야 한다. 영업·마케팅·서비스는 실행기능을 가지고 있다. CRM이 실제로 고객에게 전달되도록 하는 기능은 CRM 전담부서가 아닌 이들 현장의 고객 접점 부문에서 실행에 옮겨진다. 이를 지원하기 위해 본부의 CRM 전담부서는 기획과 평가 그리고 데이터베이스 기반을 구축하는 역할 등을 집중적으로 수행하게 된다. 본부 CRM의 활동은 다른 본부 스태프의 활동과 유기적으로 연계되어 함께 움직여야 할 필요가 있다. 이처럼 여러 부문들이 연결되어 움직여야 하기 때문에 경영진의 참여, 즉 구체적 방향 제시와 조정이 다른 경우들에 비해 특히 더 중요하게 된다.

경영진은 CRM을 비롯한 모든 경영활동에 대해서 중요한 의사결정을 최종적으로 담당한다. 그러므로 경영진은 자신이 속한 조직의 CRM이 어떤 모습이어야 하는가에 대해 구체적인 인식을 가지고 있어야 한다. 그 이전에 조직의 전반에 대한 궁극적인 방향인 비전과 전략에 대한 이해도 필요하다.

경영진은 회사의 전체를 책임진다고 보면 CRM의 성패도 본인의 책임임을 명심해야 한다. CRM이 잘못되었다고 이야기하면서 CRM을 전담하는 부서에만 질책을 가하고 자신의 책임을 회피하는 것은 앞뒤가 맞지 않는다. 경영진은 CRM을 공부하고 조직의 CRM이 제대로 이루어지고 있는지를 알 수 있는 능력을 가지고 있어야 한다. 조직 내에 CRM 확산을 반대하는 집단이 존재한다면 그들을 설득하고 계도하는 책임은 일차적으로 경영진에게 있다.

한편 본부 조직의 아이디어와 움직임만으로 현장의 사안별 필요에 맞추기 어렵고 반대로 현장에 모든 것을 위임하게 되면 좀 더 체계적이 될 수 있는 가능성이 낮아지는 문제가 벌어질 수 있다. 이 때문에 본부와 현장 간의 역할 분담에 대해 균형 유지가 중요하다.

백화점이나 할인마트와 같은 대표적인 유통업의 경우 특히 점포 단위의 의사결정과 독자적인 활동을 하고자 하는 경우가 많다. 그러나 그 활동의 내용이 결국 고객에 대해 마케팅, 영업, 서비스를 하는 것이기에 각 점포가 독자적으로 모든 것을 결정하고 수행하고자 한다면 관리도 어렵고 비용도 높아질 수 있다. 임기응변식의 대응으로 인한 고객의 혼란도 커질 수 있다. 마치 전쟁에서 각각의 포대가 각자 자신들이 사용할 대포를 스스로 제작하고 포격을 가할 대상을 따로 따로 결정하는 것과 마찬가지이기 때문이다.

백화점 입점과 가두 직영점포 모두를 운영하고 있는 패션업체의 예를 들어 생각해보자. 같은 내용을 전달하기 위해서 대리점에서는

[그림] 본부와 현장 간 역할 분담 및 협업

DM을, 백화점 내 입점한 직영점에서는 SMS를 보낸다면 고객 혼란이 있을 수 있다.

고객은 대리점에서도 직영점에서도 구매하며 어떤 고객은 DM과 SMS를 모두 받게 될 수도 있다. 지나친 마케팅에 대한 불쾌감을 느낄 수도 있고 반대로 어느 쪽에서도 메시지를 받지 못한 고객은 무관심에 대한 불만족을 느낄 수도 있다. 결국 불필요한 고객불만을 유도할 수도 있고 기회를 잃거나 과다하게 비용을 낭비할 수도 있다. 전체적인 관점의 결여로 인해 일관성이 없이 업무가 이루어지기 때문에 벌어지는 문제이다.

CRM은 현장이나 본부 어느 한쪽에서만 하는 것은 불가능하다. 고객은 현장에 소속된 것도 본부에 소속된 것도 아니며 CRM은 회사 전체가 하는 것이고 각 부문은 그중 일부의 활동에 대해 기획을 하거나 실행을 하는 역할을 나누어서 담당하는 것이라는 전체중심적인 인식이 필요하다.

본부는 기획과 관리, 표준의 설정, 지침의 작성, 기반 환경의 구축 및 운영을 담당하고 실행은 현장의 고객 접점 담당 부문에 맡겨지게 된다. 단, 현장은 지침대로만 실제 고객응대를 할 수 없는 예외적인 경우가 많기 때문에 현장의 자율권도 처음부터 일정부분 보장되어야 한다. 또 본부 부서들 중심으로 진행되는 기획과 관리 과정에서 현장 사람들이 적극 참여해 실제 현장에 있지 않은 본부 스태프들이 생각하지 못하는 부분에 대해서 의견이나 구체적인 개선 아이디어를 제시하는 것도 필요하다.

:: 공격적인 CRM의 핵심

현재의 CRM에서 많은 조직들이 각자의 특성을 반영한 명확한 CRM 개념 정의도 구체적인 목표도 설정하지 않고 CRM을 운영하고 있다. 담당 부문의 종류에 대한 구분도 각 부문별 임무와 책임도 정립되지 않고 CRM을 하고 있는 것이 사실이다. 그러다 보니 책임을 미루어 공백이 생기거나 반대로 권한의 범위를 넘어서 욕심을 부리는 경우도 있다. CRM은 삐걱거리며 무언가 새로운 일을 생각해내고 실행에 옮기지 못한다. 이와 같은 문제를 근본적으로 해결하기 위해서는 조직적인 측면의 변화가 기술적인 측면보다 우선적으로 이루어져 한다.

CRM의 변화가 실제로 이루어지기 위해서는 CRM을 기획하고 실행하는 전체 과정에서 개개인의 역할과 태도가 중요하다. CRM이 걸쳐있는 범위가 넓은 만큼 넓은 범위에서 여러 부문을 맡고 있는 사람들의 자세가 중요하다. 그러나 그중에서도 무엇보다 중요한 것은 경영진의 의식과 이해도가 높아지는 것이다. 본디 물은 위에서 아래로 흐른다고 했다. 조건 없이 충성을 요구하는 것도 이제는 시대착오적인 것이다. 앞장서서 모범을 보여야 한다.

동남아의 한 제조업체에서는 직원들이 고객정보를 획득하도록 강요하기에 앞서 CEO가 먼저 고객정보를 획득하고 직접 시스템에 입력하는 실천을 보였다. 이런 CEO 밑에서 일하면서 고객정보 획득을 단지 귀찮은 일로 치부해버릴 직원은 많지 않다. 답보된 현재의 CRM을 업그레이드하기 위해서도 또 다른 모든 분야의 경영활동 수준을 높이기 위해서도, 솔선수범이라는 매우 평범한 진리는 너무나 중요하다.

최근에는 중역 중에 고객관리 내지는 CRM 전반을 담당하도록 CCO를 두는 경우도 늘고 있다. CEO가 고객분야를 직접 챙기기가 쉽지 않다면 전담으로 중역 한 사람 정도라도 두어야 하겠다는 발상이다. 물론 긍정적인 변화라 할 수 있으나 꼭 CCO라는 직함을 형식적으로 두기에 앞서 최고경영자CEO의 변화, 학습이 필요하다.

CEO가 CRM에 대한 오해를 하거나 피상적으로만 CRM을 알고 있다면 그 밑에 중역들이 CRM을 이해하고 적극 나서지 않을 것이며 그 조직의 CRM이 성공적으로 변화될 수 있는 가능성은 크게 줄어들 수밖에 없다.

한편 조직이 CRM을 통해 얻을 수 있는 것이 있다면 먼저 CRM을 실행하는 사내의 모든 사람들이 CRM을 통해 얻어갈 것이 있는 체계도 있어야 한다. CRM을 잘하면 인센티브를 받는다든지 CRM 부문 출신의 인력들이 승진이나 보직 변경 등에서 인사상의 우대를 받는다든지 하는 가시적인 보상도 필요하다.

하나의 사례를 들어보자. 어느 백화점에서는 낙엽마케팅을 하기 위해 낙엽을 주우러 다녔다. 낙엽을 통해 고객과 감성적인 연대를 만들어내기 위한 참신한 접근이었다. 그 성과의 여부를 떠나서 관심이 가는 대목은 낙엽을 주우러 다닌 사람들이 과연 누구였는가 하는 것이다. CRM 팀에 속한 인원들만이 실제로 그 과정에 참여한 것이라면 그 성과를 공유할 사람들은 조직 내의 모두가 아니라는 것이다. 낙엽을 모으러 다니면서도 CRM 팀의 직원들은 왜 회사를 위해서 나만 일해야 하는가에 대한 의문을 지워버릴 수 없었을 것이다.

조직에 대한 믿음과 공감대가 형성되지 못하면 조직 내의 누구도 자발적이고 능동적으로 책임을 지고 움직이려 들지 않는다. CRM 1.0에서 CRM 1.1로 가는 것이 아닌 CRM 2.0으로 가고자 하는 식의 보다 공격적인 변화일수록 조직 내에서는 반발이 클 수 있다. 내부자들의 협력을 얻지 못한다면 변화는 실제로 이루어지지 못한다. 계층 간의 시각 차이나 부문 간의 불신이 있다면 그 또한 CRM 발전에 심각한 저해 요소가 된다.

CRM에서도 변화를 실제로 일어나게 하는 체계적인 변화 관리가 매우 중요하다. 회사 내의 모든 구성원이 CRM이 무엇을 하는 것인지, 왜 필요한 것이지, CRM을 통해 회사의 각 부문 및 각 직원이 무엇이 좋아지는가에 대한 숙지가 필요하다. 일방적이고 주입식인 교육만으로는 소용없다. 몸에 배어 고객을 만나는 모든 접점에서 본능적으로 관계를 관리할 수 있도록 훈련되는 것이 필요하다.

제조업체인 '다우코닝'은 사람, 프로세스, 기술의 순으로 변화가 이루어져야 고객중심적인 경영으로 변화에 실제로 성공할 수 있다는 것을 한 번의 큰 실패를 겪고 나서야 비로서 깨달았다. 그리고 그때부터 진정한 변화에 성공할 수 있었다. 실패에 대한 인정이 허용되고 실패에서 반성과 교훈을 얻을 수 있는 합리적 조직 풍토를 조성하는 것은 결코 쉽지 않을 수 있으나 분명 경영진과 관리자들이 주도해야 할 일이다.

이에 더하여 CRM을 끌고 가는 챔피언의 필요성에 대해서도 생각해 볼 필요가 있다. CRM 도입 초기에는 CRM에 대한 도입기의 프리미엄이라는 것이 존재했다. 그러나 이미 CRM에 대한 얼마간의 실망으로 인해 도입기의 프리미엄은 통하지 않게 되었다. 이제는 CRM 업그레이드를 위한 챔피언이 필요하다.

챔피언의 기본 요건은 의지와 이해도, 가능하다면 경험도 포함된다. 챔피언이 꼭 고위 중역급의 고참이 되어야 하는 것은 아니다. 실전적인 경험을 바탕으로 변화를 주도해갈 수 있는 능력이 중요하다. 특히 CRM과 같이 다소 추상적으로 받아들여질 수 있고 자의적으로 해석될 수 있는 경우라면 조직 내에서 CRM이 가지는 의미를 설득, 전파하는 전도사로서 능력도 매우 중요하다.

내부에 적당한 인물이 없다면 불가피하게 외부에서 수혈이라도 필요할 것이다. 다만, 이 경우 가뜩이나 반발이 많은 부분에 대해 외부인이라면 더 큰 반발을 살 가능성이 존재한다

그 때문에라도 CRM 전도사에 대한 경영진의 절대적 신뢰는 조직이 CRM을 성공적으로 도입, 발전시켜나가는 과정에서 결정적인 요인이 된다. 만일 전도사에 대한 경영진의 신뢰가 사라진다면 그 전도사는 더 이상 조직 내에서 설 자리가 없을 것이고 CRM 전체에 대한 가치평가가 땅에 떨어진 것으로 조직 전체가 받아들이게 된다. 결국 전도사는 조직을 떠나고 조직이 진행하던 CRM은 원점으로 되돌아가는 결과를 얻게 된다.

정리해보면 경영진의 관심과 이해, 체계적인 변화 관리, CRM 업

그레이드를 추진할 챔피언의 확보 등의 세 가지에 대한 궁극적인 귀착점은 결국 조직이 CRM을 중요하게 여긴다는 것을 조직 전체에 분명하고 명시적으로 보여주는가 여부이다. 이는 CRM과 관련된 모든 역할과 책임, 자세와 태도를 결정짓는 관건이 된다.

02 Customer Relationship Management 2.0

채널의 통합과 IMC

:: 고객 커뮤니케이션의 일관성

좋은 관계를 구축하기 위해서 CRM은 고객과 다양한 내용·형식의 커뮤니케이션을 시도한다. 하지만 막대한 노력과 시간을 투자해 가면서까지 모든 마케팅 메시지를 완벽하게 검토하고 따지는 고객은 많지 않다. 대부분의 고객들은 적절하지 않은 메시지나 메시지들 간에 충돌이 있는 것이라도 처음부터 큰 관심을 두지 않았기에 그다지 신경 쓰지 않고 넘어갈 수도 있다. 하지만 의외의 순간에 자신에게 중요하다고 생각된 메시지들에 문제가 있으면 반대로 매우 특별한 신경을 쓰기도 한다.

같은 기업에서 일관성이 없는 메시지를 받았다는 것에 관심도 두지 않았던 고객이 그 문제점을 인식하는 순간에 고객은 갑작스럽게 혼란스러워진다. 이 경우에 좋은 관계를 만들기에 충분했던 여러 번의 잘된 메시지 효과도 일관성을 해치는 다른 메시지로 인해 한꺼번에 모두 잃어버린다. 이런 상황에서 고객은 기업에 대해 큰 실망을 느낄 수도 있고 그러한 실망이나 불편한 느낌은 곧바로 고객의 구매행동의 변화로도 연결된다.

고객과 커뮤니케이션을 해야 하는 입장에서 채널이 많아지는 것은 선택의 폭이 넓어진다는 측면에서 반길만하다. 그러나 한편으로는 커뮤니케이션 측면에서 여러 가지 채널이 존재한다는 점이 마케팅 메시지의 일관성을 해치는 큰 이유 중의 하나이다. 커뮤니케이션에 여러 채널이 존재하는 경우 통상적으로 각각의 채널이 독자적으로 커뮤니케이션의 내용이나 형식을 정하게 되기 때문이다.

[그림] 두 가지 측면의 일관성

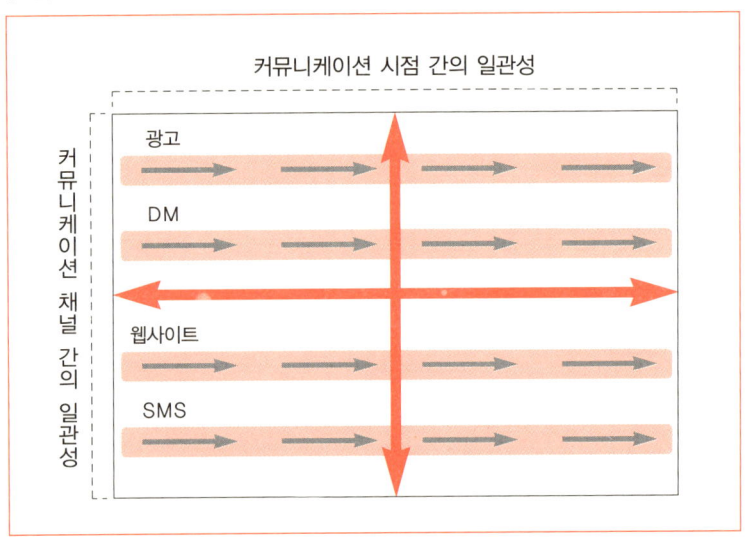

광고를 통한 커뮤니케이션은 광고홍보 부서에서, 그것도 외주를 통해서, 한편 다이렉트마케팅을 통한 커뮤니케이션은 CRM 팀에서 하는 식이다. 또 커뮤니케이션이 점점 더 짧아지는 대신 여러 번으로 나누어지거나 반복되는 형태로 바뀌어 가고 있다는 점도 기업 등의 조직 입장에서 점점 더 일관성을 유지하기 어려워지는 큰 이유 중 하나이다.

비록 짧은 메시지이지만 매번의 커뮤니케이션의 메시지가 완전히 동일하게 반복되는 것이 아닌 경우라면 그만큼 다수의 메시지들에 대한 일관성을 체크해야 하기 때문이다. 지난주에는 가격이 저렴함을 이야기했다가 이번 주에는 품질이 우수함을 이야기하는 식의 경우가 일관성을 해치는 예가 된다.

:: 고객단위 커뮤니케이션과 매스 커뮤니케이션 간의 통합 관리 필요성과 IMC

광고, DM, 판매촉진, PR 등 다양한 커뮤니케이션 수단들의 전략적인 역할을 비교·검토하고, 명료성과 정확성 측면에서 최대의 효과를 거둘 수 있도록 이들을 통합하는 총괄적인 계획을 수립하고 실행하는 것을 통합 마케팅 커뮤니케이션(IMC : Integrated Marketing Communication)이라 한다. IMC의 대두에는 광고 이외의 촉진 활동의 비중 증가와 소비자와 매체 시장의 세분화 현상이 나타나고 있다. CRM의 도입으로 인해 고객단위의 개별적인 관계 구축이 절실해졌다는 것이 그 주된 배경이 된다. 즉, 앞서 이야기했던 커뮤니케이션의 내용과 형식에 대한 일관성이라는 것을 가지도록 하고자 하는 것이다.

고객을 상대로 하는 커뮤니케이션을 통합적으로 관리함으로써 좀 더 강력하고 통일된 브랜드 이미지를 구축한다. 그리고 소비자가 구매하도록 하기 위해 광고와 같은 단일 커뮤니케이션 수단 외에 표적 청중에게 도달하는 데 있어 가장 효과적일 수 있는 매체나 접촉 수단을 적극적으로 활용하려는 것이다.

앞서 일관성의 문제를 지적했듯 CRM이 등장하면서 광고 등 기존의 매스마케팅 채널만큼이나 DM 등을 사용한 고객 개개인을 상대로 하는 커뮤니케이션이 많아졌다. 이 과정에서 정리되지 않은 서로 다른 메시지가 서로 다른 모습과 시기에 고객들에게 전달될 수 있는 가능성은 월등히 커졌다. 이에 CRM의 커뮤니케이션 활동과 매스마케팅의 활동이 별개로 이루어져 고객을 혼란에 빠지지 않도록 또 CRM이든 매스마케팅이든 그 안의 각각의 메시지들도 연관성을 가지도록 조직 내부에서 사전에 전체 커뮤니케이션을 종합적으로 조율하는 것이 요구된다.

예를 들어 DM의 내용과 전단의 내용, TV 광고의 내용이 완전히 동일한 것은 아니더라도 전체 마케팅 목표에 비추어 서로 간에 일관성을 가지도록 되어야 한다. 어느 채널에서는 낮은 가격만을, 어느 채널에서는 높은 서비스와 품질 수준만을 집중적으로 강조한다면 고객들은 어느 메시지에도 공감하지 못한다.

고객은 이 기업의 특징 내지는 포지셔닝이 무엇인지에 대해서도 혼란을 느낄 것이다. 반대로 비록 커뮤니케이션 채널과 내용이나 형식이 얼마간 서로 다르더라도 궁극적인 소구점은 큰 틀에서 하나로 통일될 수 있도록 한다면 전체적인 측면에서 커뮤니케이션의 효과는 커지게 된다.

그러나 이러한 IMC가 실제로 제구실을 하려면 CRM과 기타 마케팅 부서들과 같이 커뮤니케이션을 담당하는 부문들이 배타적이고 독립적인 관점을 가지는 것이 아닌 통일된 하나의 브랜드 이미지를 구축하기 위해 상호 연계되는 체계를 가지고 있어야 한다. 또한 CRM을 포함한 부서 및 각 채널들이 서로 간에 대립관계가 아닌 협력관계가 되어야 형성되어야 한다. 이 과정에서 사람과 조직의 측면의 연계와 연동도 중요하겠지만 그 바탕에는 CRM과 고객정보 및 고객에 대한 커뮤니케이션의 계획과 내용에 대한 이력의 공유가 통합의 기반 내지는 중심이 되어야 한다.

은행의 예를 든다면 한쪽에서는 대출을 받으라고 하고 한쪽에서는 적금을 들라고 하는 식의 상충된 메시지가 같은 고객에게 같은 시점에 전달되는 경우가 흔히 발생된다. 인터넷사업 부문에서 대출 캠페인 이메일의 대상으로 선정된 고객임에 상관없이 본부 마케팅 부서에서 적금에 대한 DM 캠페인을 실시한다면 이렇게 될 것이다. 특별한 이유도 없이 어느 달에는 많은 마케팅 메시지가 집중되고 어느 달에는 전혀 없을 수도 있다. 이와 같은 문제점들이 미리 설정된 기준에 따라 걸러질 수 있어야 한다.

:: 완벽한 통합보다는 오히려 전반적인 통합과 수동적인 문제 해결이 현실적

완벽하게 통합하고 완벽하게 일관성을 유지하는 것은 가장 이상적임에 틀림없다. 모든 고객과 이야기하는 모든 채널이 하나의 팀을 거치게 된다면 가능할 것처럼도 생각된다. 또 어느 정도는 바람직하다는 점도 인정된다. 그러나 현실에서 단순하게 통합적인 커뮤니케이션 관리를 위한 하나의 전담 팀을 두는 것만으로 충돌되는 메시지나 불일치하는 메시지가 전달되는 경우를 완벽하게 막아내기란 말처럼 쉽지 않다.

전담 팀에서도 걸러내지 못한 그리고 미리 예상하지 못한 종류의 문제가 발생되는 경우 이를 해결하는 프로세스를 가지도록 하는 것이 오히려 중요할 수 있다. 한 번 발생된 문제가 반복될 것으로 보이는 경우 이를 같은 방식으로 해결하도록 하는 장치도 필요하다. 이 때 문제의 해결을 위해서는 기업 입장에서는 상당한 노력과 정성이 들어간다. 때로는 일관성 없는 메시지를 전달하여 고객에게 불편을 끼쳤음에도 그것을 해결하기 위한 아무런 노력도, 불편을 끼친 점에 대해 고객에게 사과를 하거나 내용과 원인을 설명하는 것도 전혀 하지 않는 경우도 매우 흔하다.

이 책의 앞부분에서 우리는 CRM 2.0의 특징 중의 하나로 현실성을 들었다. 커뮤니케이션 채널이나 시기적인 차이 어떤 쪽이든 간에 발생 가능한 일관성 관련 문제를 사전에 예방하고자 한다면 모두가 완전하게 통합되는 것이 이상적이기는 하다. 하지만 그것은 사실 현실적이지는 않을 수 있다. 모든 채널을 통합하여 운영하기 위한 구축 및 운영비용이 너무 클 수도 있고 통합 및 운영 자체가 기술적으로 가능하지 않을 수도 있다.

이는 비단 커뮤니케이션이란 관점에서만 발생되는 문제도 아니다. 그 때문에 CRM의 업그레이드에서도 지나치게 이상적인 목표를 세우기보다는 도달 가능한 현실적 목표 수준을 정하는 것이 바람직하다. 360도 통합된 고객관점을 구축하려는 원대한 목표는 CRM의 초기에서부터 이야기되어 왔다. 그러나 실제로는 그리 용이하지 않았고 현재까지 완전히 모든 채널의 커뮤니케이션이 통합적으로 운영되고 있다고 자신할 수 있는 경우는 많지 않다. 앞으로도 적어도 당분간은 100퍼센트 완벽한 통합은 쉽지 않을 가능성이 높다. 100퍼센트 완벽한 통합과 조정을 위한 시스템적인 장치의 마련도 쉽지 않은 일이겠지만 그에 더해져야 할 인간의 노력도 엄청나게 필요할 수 있기 때문이다. 좀 더 현실적인 대안은 통합을 목표로 하되 빈자리가 생기는 부분은 빈자리로 두고 노력과 정성·보완 등 사람이 움직여 빈자리를 채워가는 방식이다.

빈자리를 채워가는 것의 한 예로 콜센터와 웹사이트 등의 주요 인바운드inbound 채널을 적극 활용하는 방안도 있다. 스스로 미리 완벽하게 통합할 수 없다면 고객의 손을 빌리는 노력이라도 추가하는 것이다. 다양한 마케팅 메시지에 대해서 고객들은 콜센터에 문의하거나 인터넷 사이트를 통해 필요한 확인을 할 수 있다. 각각의 메시지가 어떤 측면에서 다른 채널에서 전달된 다른 메시지들과 충돌이 나는지 또는 어떤 메시지가 상황에 맞지 않거나 이전에 보내진 메시지와 충돌이 나는지에 대해서 기업 내부에서는 생각하지도 못했던 문제점을 고객이 스스로 지적할 수 있도록 창구를 열어주는 것이다.

이는 고객과 커뮤니케이션 과정을 적극적으로 일방적one way에서 상호작용적인interactive 방식으로 바꾸는 것이다. 고객의 지적을 받은 부분에 대해서는 일관성이 없었던 이유에 대해 설명하고 필요하다면 적절한 사과도 할 수 있다. 고객들에게 대안을 제시받을 수도 있다. 단순히 충돌되는 수준을 넘어서 오류가 포함된 메시지가 전달되고 그로 인해 고객이 피해나 불편 등을 입는 경우라면 비록 사후적이지만 그때부터라도 적극적으로 해결해 줄 수 있다.

커뮤니케이션에 대해 마케팅적으로 일방적으로 강요하는 것을 넘어서서 커뮤니케이션에 대한 사후 서비스를 하는 것이다. 이러한 상호작용적인 고객 커뮤니케이션은 커뮤니케이션의 통합성을 높이는 측면뿐 아니라 커뮤니케이션의 품질 수준 자체를 전반적으로 높이는 것으로 연결되고 나아가 현재의 CRM을 CRM 2.0으로 업그레이드하는 데 중요한 열쇠가 된다.

비록 IMC가 이야기되고는 있지만 아직까지는 그에 대한 실전 적용에 대해서는 초보적인 수준을 크게 벗어나지 못하고 있다. 통합과 '조율'을 위한 구체적이고 근거 있는 원칙이나 판단기준들조차 부족하다. 하지만 커뮤니케이션의 통합성이나 일관성 측면에서 많은 문제점이 있다는 사실 자체는 이미 알고 있으며 CRM이 수행하는 많은 기능이 사실상 커뮤니케이션의 영역에 속하기에 이를 해결하기 위한 구체적 방안을 도출하는 것은 CRM의 차원에서도 중요한 과제이다.

다만, 이상적 수준까지 도달하기 이전의 과도기적인 단계에서 당분간 우리의 현실적 선택은 최소한의 시스템적 통합과 이를 보완하는 정성, 그리고 다양한 실험의 병행이 될 것이다.

03 Customer Relationship Management 2.0

기계 – 인간 협동 프로세스 구축

:: **자동화의 한계에 대한 실망**

처음 CRM이 소개되던 시절에는 CRM이라는 이름을 가진 시스템을 도입하기만 하면 바로 성과가 나올 것이라는 막연한 기대를 가지는 사람들도 많았다. 이러한 기대는 어찌 보면 고객을 관리하는 활동들이 자동화에 따라 기계로 대치될 수 있을 것이라는 생각을 바탕에 둔 것이었을 수도 있다. 하지만 그러한 기대와 환상은 그리 오래가지 않았다. 심지어는 CRM 시스템을 구축하는 과정에서 오히려 사람이 해야 하는 일이 많아지는 일도 흔히 벌어졌다. 매출과 이익, 고객만족 등과 동시에 기존에 하던 업무가 편리해질 것이라는 기대를 가졌던 사람들은 일시에 절대적인 회의론자로 돌변해버렸다. 그렇다면 단순히 막연한 기대였다는 것을 떠나서 어떤 구체적인 이유로 인해서 CRM 시스템이 기대만큼 편리하게 업무를 자동 처리할 수 있도록 만들어지지 못한 것일까?

근래에 국내에서 수출 농산물 중의 하나로 파프리카가 각광을 받고 있다. 5~10년 전만 해도 우리 식탁에서는 많이 보기 어려웠지만 최근에는 대규모로 재배하고 과학적으로 생산하여 내수용뿐 아니라 수출용으로도 인기다. 파프리카를 재배하는 농장은 커다란 초대형의 온실로 만들어져 있고 채광에서 온도·습도에 이르기까지 거의 모든 부분들이 자동화된 시스템으로 관리된다. 이러한 모습은 비단 10년이나 20년 전만해도 상상조차 할 수 없는 공상과학과 소설에서와 같은 것이었다. 그런데 이런 일이 이미 실제로 가능하다면 CRM도 컴퓨터 시스템에 따라 자동으로 이루어질 수 있지 않을까 하는 생각도 드는 것이다. 그러나 CRM은 파프리카 농장과는 중요한 측면에서 차이가 있다.

CRM이 상대하는 대상은 사람인 고객이며 CRM을 수행하는 주체도 대개가 사람인 직원이라는 것이다. 사람이 하는 일이라 변화가 많고 특수한 상황이 벌어지는 예외적인 경우가 많다. 어떤 고객 요구에 대해 어떻게 대응해야 하는가가 시시각각 상황에 따라 상당히 달라질 수 있다.

이 때문에 CRM에서는 자동화되는 부분과 동시에 그렇지 않은 부분이 함께 존재하게 된다. 컴퓨터로 자동조종이 되도록 한 비행기도 좋지만 여기에 수동으로 파일럿이 조종할 수 있도록 하는 기능이 없었을 경우에는 심각한 문제가 있을 수 있는 것처럼 모든 가능한 경우에 대한 대응 시나리오가 미리 프로그램되어 들어있지 않기 때문에 인간의 개입과 역할이 필요하다.

앞서 자동화가 편리하지 않다는 불만이 나오는 것에 대해서도 언급했는데 그 원인 중의 한 가지는 자동화가 잘못된 방향이었거나 자동화를 하는 과정에서 실수라기보다 업무를 체계화하려하는 과정의 자연스러운 부산물인 경우일 수 있다. 이전에는 체계적이라기보다는 자연발생적으로 이루어지던 업무를 체계화하기 위해서는 일이나 상황 등에 대한 각종의 분류가 필요해진다.

예를 들어 고객센터에서 상담원이 고객의 요청사항을 기록하는 업무의 경우에 단순히 고객이 말하는 대로 적어두는 것이거나 요점만을 기록하는 방식이라면 그다지 복잡하지 않을 수 있다. 문제점과 요청사항을 구분하는 대신 자유로이 적는 방식이라면 더 쉬울 수도 있다. 하지만 이를 체계적으로 관리하기로 마음먹게 되면 종류를 나누게 되고 종류별로 처리 절차를 정하게 된다. 자동화를 통해서 손이 많이 가게 되고 상담원은 어떤 면에서 더 불편해진다.

그러나 이런 형태의 불편은 다른 측면, 즉 기록된 내용에 대한 활용의 측면에서는 매우 신속하고 효율적으로 일을 처리할 수 있도록 한다. 은행 CD기도 생각해보면 고객은 불편하다. 자동응답 ARS도 고객은 불편하다. 주민등록번호와 '#'를 누르고 다시 메뉴를 고르고 하는 과정을 몇 번이나 반복해야 한다. 그런데도 은행 CD기와 ARS가 없는 세상은 더 이상 생각도 할 수 없게 되었다. 더 나아가서 비록 완전하지는 않다고 해도 CRM에 자동화가 진전되어 전체적으로는 고객관리가 더 나은 방식이 되어가고 있다는 것도 분명하다.

결국 전체적인 시각에서 볼 때 더 중요한 일에 사람이 집중할 수 있도록 해주는 것이라면 이에 따른 부분적인 또는 일시적인 불편함은 감수할 수 있어야 한다는 점을 깨닫게 된다. 자동화가 전체적으로는 이득이 되더라도 누군가는 오히려 불편할 수 있다. 그렇기 때문에 그런 불편을 스스로 겪어야만 하는 사람들이 수용할 수 있도록 하는 전체중심적인 사고방식과 분위기를 만드는 것이 가장 중요하고 현명해 보인다.

:: CRM의 자동화 : 분야와 종류

CRM은 마케팅, 영업 또는 판매 그리고 고객서비스의 크게 세 가지 영역에서 분석, 운영, 그리고 고객응대의 측면을 범위로 한다. 따라서 이들의 각 부분에 자동화가 이루어진다.

마케팅의 경우 주로 타깃마케팅을 위한 대상을 추출하는 부분에 자동화가 많으며 고객서비스의 경우 고객의 요청이나 문의 사항을 기록하고 공유하며 그에 맞는 대응을 하는 데 자동화가 이루어진다. 각종 일정계획을 수시로 조정하거나 진행 상황을 확인할 수 있도록 모니터링하는 것도 자동화된다. 한편 그 종류를 구분함에서는 단순 반복적인 업무처리를 자동화하는 것과 의사결정을 자동화하는 것으로도 구분할 수 있다. 이는 비단 CRM뿐만 아니라 대부분의 정보기술에 따른 자동화에서도 마찬가지이다.

단순 업무의 자동화는 기초적으로 고객에게 발송할 우편물의 주소를 자동으로 인쇄한다거나 고객에게 손으로 안부엽서를 쓰던 것을 대신해 미리 준비된 템플릿을 활용해 자동으로 작성하고 인쇄하는 것이나, 은행 CD기, 공과금납부기, 대기번호를 알려주고 상담창구를 안내하는 기능 등 고객을 접하는 대부분의 상황에서 찾을 수 있다. 백화점이나 대형 할인마트의 키오스크는 상품이 있는 매장 내 위치를 파악하거나 제때 적립되지 못한 포인트를 적립하는 용도로 사용된다.

그런데 여기서 단순 업무를 처리하는 자동화 중 상당부분은 업무를 고객이 셀프서비스를 하도록 하고 있다는 점도 주목할 만하다. 이는 자동화와 노동의 전가라는 두 가지가 결합된 것이다. 특히 인터넷 사용의 보편화는 고객 셀프서비스를 적용하는 범위가 대폭 늘어나는 데 크게 기여하고 있다.

이와 같은 단순 업무의 자동화에는 관심을 기울여왔으나 의사결정을 자동화하는 부분 쪽에는 상대적으로 소홀했다. 그러나 데이븐포트와 해리스는 근래에 발표된 일련의 논문과 책 등을 통해서 자동화된 의사결정의 적용이 비록 빠른 속도는 아니지만 점차 증가해 가고 있음을 이야기하고 있다.

이들은 의사결정의 자동화가 미래의 경쟁력을 좌우하는 중요한 관건의 하나가 될 것이라고 한다[참고 : Davenport, Thomas H. ; Jeanne G. Harris(Summer 2005), 《Automated Decision Making Comes of Age》, MIT Sloan Management Review].

의사결정을 자동화하는 대표적인 예로는 은행에서 대출승인여부를 결정하는 것이나 자금세탁이 의심되는 거래를 찾아내는 것, 보험회사에서 보험사기를 적발하는 것 등을 들 수 있다. CRM의 마케팅 캠페인에서 상품과 고객, 판촉 프로그램과 시기 등을 연결하여 최적의 조합을 찾는 것이나 고객별로 다른 맞춤형 판매가격을 정하는 것도 또 다른 예들이 될 수 있다. 고객서비스라면 고객의 요청사항을 자동으로 분류하고 그에 따른 적절한 처리 방안을 결정할 수도 있다. 슈퍼마켓이라면 고객이 구매한 품목의 목록을 검토하여 가격 할인쿠폰을 즉석에서 발행하여 영수증에 추가로 인쇄하도록 하는 것도 가능할 것이다.

물론 이들처럼 다소 복잡한 형태의 의사결정만이 아니라 좀 더 간단한 의사결정을 자동화하는 경우에도 같은 방식들이 활용될 수 있는 여지는 많다.

근래에 자동화가 적극적으로 이루어지는 대상이 되는 업무들의 한 가지 공통적인 특징은 단순 반복적인 일이라는 측면보다는 사람이 처리하든 기계로 처리하든 그 처리에 따른 대가가 크지 않은 것들이라는 점을 들 수 있다. 힘들게 처리해도 대가를 많이 받을 수 없는 일들은 고객에게 넘겨버리는 일들이 늘어나고 있다. 반면에 큰 보수를 받을 수 있는 일들은 그만큼 가치 있는 일로 고객에게 비추어지는 것을 원해서인지는 몰라도 의도적으로 자동화 대신 사람이 직접 처리하는 방식이 선택되기도 한다.

:: 자동화의 확대와 기계:인간 협동 프로세스 구축

분명한 것은 고객을 상대하는 일이 완전히 자동화될 수도 없고 인간의 역할이 반드시 필요한 부분이 많다는 것이다. 자동화가 제공하는 효율성과 일관성이라는 이점을 더 많이 활용하기 위해서는 좀 더 많은 부분에서 자동화가 추가될 여지를 찾아야 할 필요가 크다. 이 때문에 여기서도 인간보다는 기계라는 단어를 협동 프로세스의 앞에 위치시킨다.

자동화되는 범위나 내용이 늘어간다고 해서 인간의 역할이 축소된다기보다는 인간이 해야 할 일의 성격이 달라진다. 어차피 자동화만으로 모든 부분을 처리할 수 없다면 인간과 기계 간의 역할 분담과 협동, 즉 '기계-인간 협동 프로세스'의 구축을 강화하고 그를 위해 조직이나 프로세스 측면에서 체계적이고 제도적인 뒷받침이 이루어져야 한다.

[그림] 기계-인간 협동 프로세스

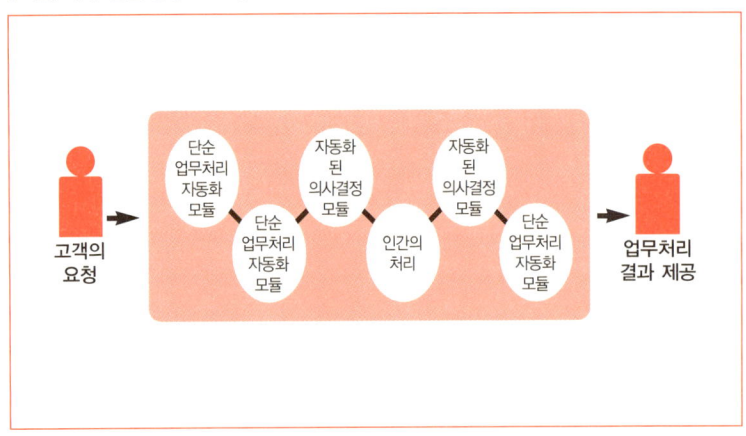

고객을 상대하는 거의 모든 영역에서 기계와 인간의 협동 프로세스를 생각할 수 있다. 웹사이트라면 각종 콘텐츠들을 만들고 보여주는 등의 업무가 주가 될 것이다. 이 경우 콘텐츠를 관리하기 위해 표준화된 구조를 만들어두는 것이 가능하다. 콘텐츠만 존재한다면 자동적으로 구조에 맞추어 정해진 규칙에 따른 대상에게 정해진 시점에 보여질 수 있다. 아마존은 이런 식의 자동화를 극대화하고 있는 대표적 사례이다.

그러나 이런 자동화가 이루어져도 콘텐츠들 자체를 모두 미리 만들어 둘 수 없다. 웹사이트의 생명은 사실 콘텐츠이지 웹사이트 구조 자체는 아닐 수도 있다. 하지만 아마존은 이런 한계조차 극복하는 것의 일환으로 콘텐츠의 생성 자체도 자동화하려고 한다. 표준화된 구조에 고객들이 의견이나 평가를 넣으면 그 자체를 추가적인 콘텐츠로 만드는 방식이다. 자동화의 수준과 범위는 점점 넓어지며 사람의 역할도 계속 변해간다.

다른 예로 고객불만을 처리하는 과정을 생각해보면 고객이 제기한 불만에 대해 유형을 구분하고 대응 방법을 결정하는 것을 자동화하되 그것을 결정하는 규칙을 설정하는 일과 자동적으로 결정된 사항에 대해 타당성을 사후에 재확인하는 것은 사람이 할 일이 된다.

특히 인간의 개입이 많이 필요한 부분은 의사결정과 판단 부분이다. 비록 자동화된 의사결정이 점차 많은 부분을 대치해줄 수는 있다고 해도 자동화된 의사결정조차도 사람이 필요하다. 특히 기획이나 데이터 분석 부분에서는 인간의 손과 머리를 거치지 않으면 일이 마무리되기 어렵다. 자동화된 의사결정에 적용되는 규칙들은 데이터 분석을 활용해 상당부분 자동적으로 만들어 질 수 있지만 그러한 규칙들이 완벽하고 충분하지 않을 수 있다.

따라서 분석 결과를 그대로 사용할 수 있는가에 대한 판단, 즉 어떤 경우 예외를 인정할 것인지에 대한 기준을 세우는 것이 필요하다. 데이븐포트와 해리스의 견해도 전문가들의 임무는 일상적인 것이 아닌 예외적이고 까다로운 사안들에 대한 결정을 내리는 것이 주가 될 것이라는 것이다. 일상적인 의사결정은 자동화되어 처리되지만 인간 전문가들이 해야 할 일은 여전히 남아있다. 다만, 그 내용은 과거와 달라진다. 자동화를 통해 인간은 좀 더 중요하고 인간만이 할 수 있는 일에 집중할 수 있다. 계획을 세우거나 점검을 하는 일은 언제까지나 상당부분 인간의 몫으로 남겨질 것이다.

이처럼 자동화는 증가하고 인간은 더 새로운 부분으로 임무를 바꾸어 갈 것이고 기계-인간의 협동 프로세스는 당연한 것이 되겠지만 그 협동 프로세스의 중요한 성공요인 한 가지는 신축성을 가지는 것이다. 의외의 부분에서 인간이 실수하거나 생각보다는 단순해서 일시적으로 또는 부분적으로 자동화를 적용하는 것이 필요할 수 있다. 반대로 자동처리를 기본으로 했던 부분에 대해서도 일시적 또는 부분적으로 인간이 대신하는 것이 필요한 경우가 생길 수 있다.

자동화는 통상 지속적이고 전반적인 것에 대해 이루어지는 것이다 보니 이와 같은 한시적인 상황에 대처하는 것에 소홀할 수 있다. 특히 CRM이 고객이라는 인간을 상대하는 일이다 보니 그만큼 돌발적인 상황은 많이 벌어질 수 있다. 이 때문에 기본적으로 설정된 인간과 기계간 역할 분담이 임시로 달라져야 할 수 있다. 결국 신축성이라는 버퍼가 존재해주어야만 협동 프로세스가 무리 없이 운영될 수 있다.

기계-인간 협동 프로세스에서 또 한 가지 중요한 부분은 구축만으로는 마무리되지 않는다는 점이다. 기계가 맡는 부분이든 인간이 맡는 부분이든 각각이 안정적으로 운영될 수 있도록 운영방법이 교육되고 훈련되어야 한다. 전체 프로세스 중 자동화된 부분들조차도 운영에 관해서는 인간이 담당해야 하기에 그에 대한 교육과 훈련이 충분치 않으면 문제가 생길 여지가 있다. 특히 단순히 이렇게 운영하는 것이라는 식의 일방적인 전달만으로는 충분치 않으므로 프로세스를 운영하는 인간이 창의적으로 운영해나갈 수 있도록 하는 훈련의 중요성이 크다.

자동화 수준을 높이는 것은 CRM 2.0에게 주어진 매우 크기 한편으로는 매우 당연한 과제이다. 자동화를 통해 CRM은 현재 제공하고 있는 것보다 더 많은 편리함과 원활함을 궁극적으로는 고객에게 제공할 수 있다. 특히 의사결정의 자동화 부분에서 현재의 CRM은 상당히 수준이 낮다. 이미 존재하는 기술들조차 적용이 충분히 이루어지지 않았다. 부분적으로는 현장을 담당하는 사람들을 중심으로 막연한 거부감이 존재하기 때문이기도 하지만 이는 극복해야 한다.

하지만 CRM 2.0이 단순히 자동화 수준을 높이는 것만으로 충분한 결과를 기대하기는 어렵다. 이미 자동화가 상당히 이루어진 프로세스에서도 자동처리되는 한 모듈과 다른 모듈 간의 연결에 해당

되는 부분에서 특히 많은 문제가 발생되고 그 때문에 자동화의 전체 효과가 충분히 얻어지지 못하는 경우가 많다.

자동화된 시스템으로 해결될 수 없는 부분을 보완하는 인간의 활동 부분이 존재하기 때문에 미리 시스템과 인간 간의 역할 분담이 필요한 곳들을 파악하고 대응할 수 있는 체계를 미리 구성하는 것까지를 CRM 2.0의 목표로 해야 한다.

04 Customer Relationship Management 2.0
고객정보 관리의 현실적 제약

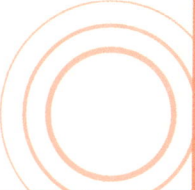

:: 고객에 대해 모든 정보를 얻는 것은 가능하지 않다

경영컨설팅회사 '매킨지'의 사고방식을 소개했던 책에는 바다를 끓이려 하지 말라는 이야기가 나온다. 하루를 걸려 90점을 얻으면 충분하지, 수년을 들여 95점을 얻은들 무슨 소용이 있겠는가와 같은 이야기다. 고객정보에 관해서도 이 조언이 그대로 적용될 수 있다.

CRM은 고객에 대한 이해를 바탕으로 작동되는 것이다 보니 고객정보를 가능한 한 많이 그리고 정확하게 확보하고자 한다. 문제는 항목에 따라서는 얻기가 어렵거나 얻기 위해서 비용이 많이 드는 것들이 있다는 점이다. 또한 얻은 다음 관리하기에도 그 종류와 양이 많아질수록 기하급수적으로 노력과 비용이 많이 발생되게 된다. 따라서 어떤 정보항목을 확보하고 어떤 항목은 선택적으로 어떤 항목은 포기할 것인가에 대한 작전계획을 미리 수립해야 한다.

특히 얻기 어려운 종류의 정보의 예로는 고객과 다른 고객 간의 관계에 대한 정보라든가, 사생활과 관련되는 사항인 소득이나 재산상황과 같은 내용 등을 생각해 볼 수 있다. 의류매장에 함께 온 고객들 사이에 연인관계라는 사실을 알 수 있다면 그것을 바탕으로 발렌타이데이 선물과 같은 테마와 관련된 마케팅을 할 수 있다. 하지만 그러한 매우 사적인 인간관계를 고객들이 스스로 정보로 제공하려고 들지 않는다. 소득이나 소비내역과 같은 부분도 남에게 알리고 싶지 않을 수 있다. 이와 같이 개인의 사생활이 침해될 소지가 될 수 있는 부분들에 대해서는 근래에 정부의 규제도 매우 엄격해지고 있는 추세이다.

개인정보 수집 및 활용에 대한 규제에서 특히 중요한 관리대상이 되고 있는 부분은 주민등록번호 등 개인을 식별할 수 있는 정보와 주소, 이메일주소, 휴대폰번호 등이다. 나쁜 용도로 활용되거나 고객에게 불편을 주는 스팸에 이용되는 것이 큰 이슈가 된다. 최근에는 고객이 정보 제공과 활용을 동의한 범위를 넘어서 고객의 허락도 받지 않고 다른 조직에 정보를 제공하거나 공유하는 등의 행위 등이 적발되어 고객들의 큰 불만과 불신을 사는 경우도 늘고 일종의 사회문제로까지 이야기되고 있다.

다음 그림은 고객에 대해 수집하고자 하는 대표적인 항목들의 종류와 각각을 획득하는 것이 얼마나 용이한가에 대한 일반적인 경험치를 보여준다. 성별이나 연령·주소 등은 회원가입 시점에서 쉽게 확보된다. 구매내역과 불만사항 등은 판매와 서비스 과정에서 자동적으로 획득될 수 있다. 단, 불만사항의 경우 고객이 적극적으로 표출한 경우로 한정된다. 이들은 비교적 확보가 용이한 사항들이다. 하지만 취향이나 직업, 경쟁사에서 무엇을 얼마나 구매하는지 등에 관한 정보는 얻을 수 있으면 좋겠지만 얻기가 쉽지 않은 항목들이다.

[그림] 고객정보의 종류와 획득의 용이성

성별, 연령	거주지 주소	구매내역	불만사항
소득수준	고객		가족관계
취미			교우관계
취향	직업	교육수준	경쟁사 이용

■ 대부분 확보 용이
■ 일부 확보 가능
□ 확보 어려움

　본부의 CRM 부서들에서는 더 많은 고객정보 항목의 입수에 적극적이다. 반면 현장 일선에서는 필수적으로 기재하도록 본사가 지침을 정하여 일정한 양식으로 만들어 둔 항목들에 대해서도 가능한 한 많은 부분을 거의 의도적으로 제외하는 경우가 많다.

　예를 들어 은행 창구에서는 고객들이 각종 신청서를 작성하는 과정에서 미리 준비된 양식에서 업무처리에 필수적인 극히 제한된 항목만을 미리 형광펜이나 연필 등으로 표시해 두었다가 해당 부분만 작성하도록 고객을 유도한다. 물론 현장에서는 빠르고 편리하게 해당 업무를 처리할 수 있다는 것이 이유가 되겠지만 결과적으로 양식에는 존재하는 항목이지만 입수가 되지 않다 보니 데이터베이스상에는 거의가 빈칸으로 남게 된다. 이렇게 어차피 채워지지 않을 항목이었다면 처음에 양식을 만들면서 항목을 만든 것부터가 쓸데없는 낭비가 될 수밖에 없다.

이처럼 고객에 대해서 모든 항목을 정보로 파악하는 것은 불가능하거나 어렵더라도 조금이라도 많은 정보를 얻고자 하는 노력을 접는 것은 옳지 않다. 게다가 모든 고객이 제공할 의사가 있는 항목에서는 동일하지 않다는 점도 생각해야 한다. 고객별로 확보 가능한 정보에 불균형이 있다.

사실 정보를 제공하는 데서 불만을 이야기하는 고객 또는 불만을 가지는 고객은 소수에 그친다. 일부 고객은 성의껏 그리고 적극적으로 자신에 대해 알려주기도 한다. 단순히 개인차뿐만 아니라 고객과 관계에 따라서도 차이가 있다. 관계가 좋은 고객은 더 많은 정보를 제공하는 데 큰 망설임이 없는 경우가 많다.

따라서 각 고객의 개인의사와 관계의 정도에 따라 최대한의 정보를 얻어내려는 노력이 필요하다. 앞서 은행의 예를 들었던 것처럼 처음부터 고객이 정보를 제공할 수 있는 기회를 제거해버리는 것은 지양해야 한다.

한편 관계가 좋지 않은 고객의 경우에는 많은 정보를 얻기가 곤란하다는 점이 문제가 될 수 있다. 이 경우 어떤 고객과 관계가 나쁜가에 대한 힌트를 데이터에서 파악하는 것이 어려워지기 때문이다.

구매 또는 이용이 많지 않아 지갑점유율이 낮을 것으로 추측할 수 있는 고객에 대해서는 구매이력 정보조차 부족하므로 이해를 하거나 유형을 판단하기가 매우 어려워진다. 이러한 경우라면 적극적인 정보 획득 작업은 오히려 부작용을 일으키기 쉽다. 이들에 대해서라면 개개인을 상대로 하기보다는 일부 표본에 대한 조사 방식 등 간접적인 방식을 함께 고려할 필요가 있다.

고객별로 고객정보 획득의 수위를 조절하기 위해 또 한 가지 고려해야 할 부분은 고객의 잠재가치이다. 기존에 매상을 많이 올려주었다는 것만이 기준이 되는 대신 잠재가치를 판단 기준으로 삼는다면 획득되는 정보의 활용면의 가치가 더 크다는 점을 이용하는 것이다. 고객정보 수집 및 활용에 대한 법적·심리적 제약 및 저항을 감수하면서 고객에게 무제한의 정보를 얻고자 하면 너무나 많은 노력과 비용이 소요될 수 있다.

결국 모두가 돈의 문제인데 비용 측면을 고려하지 않는다면 의미가 없다. 고객의 가치와 정보수집 비용, 정보의 활용가치라는 세 가지 측면을 동시에 고려해서 작전 계획을 세워야 한다. 고객에 대해 많이 알려고 하는 것은 결국 고객에게도 이익을 주면서 동시에 기업 쪽 입장에서도 이익을 남기기 위한 것이다. 고객에게 제공할 수 있는 이익을 희생해서 무리할 정도로 고객정보 확보에만 연연하는 것은 합리적인 방법이 아니다.

:: 고객정보의 유효기간

고객에게 정보를 수집하는 목적은 활용이다. 기초적인 데이터로 입수된 것을 가공해서 서로 다른 고객에게 서로 다른 그리고 관계를 더 강화할 수 있는 방법을 찾아 실행하기 위한 것이다. 그러나 수집과 활용 사이에는 한 가지 더 고려 사항이 있다. 바로 고객정보를 얼마나 오랫동안 축적, 유지할 것인가 하는 문제이다. 이는 얼마나 오랜 기간의 고객정보를 업무에 사용해야 하는가로부터 답을 찾을 수 있다.

본부에서 데이터 분석을 담당하는 팀에서는 장기간에 걸쳐 고객의 기본적인 속성과 행동 모두에서 변화가 있었던 부분들이 모두 중요한 재료가 된다. 좀 더 다각적이고 깊이 있게 고객에 대해 이해하기 위해 필요하기 때문이다. 하지만 현장에서는 주로 최신의 상태에 대한 정보가 중요하다. 이처럼 어떤 용도로 활용하고자 하는가에 따라 필요한 정보의 항목뿐 아니라 축적되어야 할 기간에 대한 요구에도 차이가 있다.

고객정보는 크게 고객의 상태와 행동으로 나누어지는데 둘 다 시간이 지나면 노후화되어 오래 전에 축적한 정보는 유용성이 줄어들게 된다. 고객의 상태는 계속 달라진다. 주소나 전화번호, 이메일 주소와 같은 항목들도 불시에 변할 수 있다.

한 예로 평균적으로 이사가 5년에 한 번 발생된다고 한다. 그렇다면 고객과 상권 간의 관계를 분석하고자 하는 사람의 입장에서는 최소 5년간의 과거에 대해서는 각 시점의 상태와 변경된 내역의 데이터를 가지고 있어야 고객의 주거 변동과 상권, 그리고 고객의 구매내역 간의 관계를 어느 정도라도 파악할 수 있다.

고객정보의 보존 연한을 설정하는 것이 그리 간단한 일은 아니지만 일차적으로는 고객의 구매주기와 접촉주기를 바탕으로 기본안을 만들 수 있다. 만일 구매는 자주, 즉 일 년에 대략 최소 십여 차례 이상은 구매가 발생되는 업종의 경우라면 대략 3년 정도의 기간에 대한 구매내역을 유지하는 것을 생각할 수 있다. 물론 좀 더 긴 기간도 고려할 수 있으나 그만큼 데이터를 관리하는 데 따른 부담이 발생하게 된다. 일단 3년을 기준으로 삼았다면 구매내역뿐 아니라 고객의 상태, 즉 주소나 연락처의 변경 등에 관해서도 같은 기간 정도 동안의 변동을 유지하는 것이 적당하다. 이렇게 되면 적어도 3년이라는 기간에 대해서 만큼의 상태의 변화와 행동의 변화를 연결시켜 볼 수 있기 때문이다.

반면 연간 구매 또는 기타 접촉을 포함한 횟수가 2~3회에도 못 미치는 경우라면 좀 더 긴 기간에 대한 정보가 남아있어야 할 필요가 있다. 하지만 너무 오래된 정보, 예를 들어 10년을 넘는 정보는 관리한다고 해도 대개의 경우 유용성이 낮다. 10년이면 강산도 변한다라는 말처럼 지금 현재 또는 일반적으로 더 큰 관심을 갖는 고객의 미래에 대해서는 10년 전 일들이 그다지 크게 영향을 미치지 않기 때문이다.

:: 손쉽게 얻을 수 있는 정보를 제대로 활용하는 것이 우선

필요하지만 모든 정보를 얻거나 과거 전체 기간의 정보를 유지하기가 쉽지 않다는 것은 사실이지만 그렇다고 고객정보 관리 전체가 주춤할 이유는 없다. 항목들 중에서 가장 기본적이고 중요한 것은 거래내역과 주소, 전화번호, 이메일 주소, 이름, 성별, 연령 등이다. 이것들만이라도 제대로 관리되고 있는가를 먼저 점검해야 한다.

역시 업종에 따라 어떤 항목이 더 중요한가에 큰 차이가 있겠지만 할인마트와 같은 경우에는 구매내역이 가장 중요하다. 심지어는 주민등록번호나 성별, 연령 등조차 그리 중요하지 않을 수 있다. 일단 회원으로 가입된 상태에서 그 회원카드를 계속 사용하고 있다면 사용한 사람이 남편이든 부인이든 자녀이든 그 가구 내에서 사용이 계속되며 대개의 경우에는 그러한 패턴이 그대로 지속된다. 따라서 카드를 제시한 구매내역 이외의 정보는 그다지 유용하지도 않으며 신뢰할 만하지도 않을 수 있다. 가령 남편 명의로 발급된 회원카드에 취미나 소득수준 등이 기재되어 있다고 해도 구매의 2/3 이상이 부인과 자녀를 위한 것이라면 남편에 관한 정보는 구매 패턴과는 맞지 않는 것일 가능성이 높다.

한편 구매주기가 긴 경우라면 구매내역 이외의 정보가 매우 중요할 수 있다. 대표적인 예로 자동차나 홈쇼핑과 같은 경우를 생각해 볼 수 있다. 자동차의 경우 구매 자체가 상당히 긴 주기, 즉 6~8년 단위로 이루어짐에서 문제가 발생된다. 홈쇼핑의 경우라면 여러 홈쇼핑으로 구매가 분산된다는 점에서 문제가 발생된다. 이러한 경우에는 구매이력 자체 외에 그를 보완할 수 있는 다른 정보들이 중요할 수 있다. 필요하다면 고객들에게 직접 물어봐서라도 필요한 최소한의 정보를 얻는 것이 중요할 수 있다.

한 홈쇼핑에서 일 년에 두 번 구매한 금액의 합계가 300만 원을 넘어 비교적 중요한 집단으로 분류된 고객에 대해서 향후의 가치가 얼마나 될 것인지를 판단하기 위해 구매이력만으로는 너무 불충분하다. 그렇다면 앙케트식의 조사라도 대대적으로 실시할 일이다. 물론 모든 고객을 대상으로 하는 것이 과다한 노력을 요구할 수도 있으니 대상은 일부로 제한할 필요는 있다.

자동차의 경우에는 구매주기가 너무나 길기 때문에 심지어는 한 번 구매한 고객의 주소조차 다음 구매 시점에서 그대로일 확률이 낮다. 그렇다면 고객에 대해 어떤 관리를 해주어야 하는가와 어떤 시점에서 어떤 상품을 집중 마케팅할 것인지 등을 결정하기 위해서는 구매와 직접 관련이 없는 내용으로 주기적인 접촉을 가지는 것이 필수적이다. 이 경우에는 일단 주소나 전화번호 등의 연락처 변경이 발생되면 해당 고객과 연결 고리는 완전히 사라져버릴 수도 있기 때문에 정기적으로 연결 고리에 문제가 없는지를 확인하는 작업이 필수적이다.

예를 들어 DM이 반송되어 오는 경우가 한 번이라도 발생되면 그러한 모든 건에 대해서 다른 전화든 다른 연락수단을 활용해서 확인하고 변경된 주소를 파악하는 작업을 해야 한다. 만일 모든 연락수단이 끊어져버린다면 최고의 만남 이후 계속해온 모든 노력은 수

포로 돌아가버린다.

　업종을 불문하고 최근에 가장 중요한 고객과 연락수단은 휴대폰이다. 마케팅 채널의 측면에서 휴대폰 SMS는 비용이 매우 저렴하며 다소 자주 연락하더라도 자연스러울 수 있고 도달률이 높다는 큰 장점들을 가지고 있다. 문제는 휴대폰 번호의 변경이 비교적 잦다는 점이다. 일단 번호가 변경되어 연락이 두절되고 나면 나중에 다시 그 정보를 획득하기까지는 중요한 수단 하나를 사용하지 못하는 문제도 있을 뿐더러 다시 정보가 획득되는 데 까지 걸리는 시간이 상당히 길 수도 있는 문제가 있다. 따라서 휴대폰 번호의 경우는 변경이 발생되는 것이 포착되면 즉시 변경내역을 파악해서 최신으로 유지할 수 있도록 해야 한다.

　한편 중요하지만 문젯거리가 되는 것 중의 또 하나가 실제로 구매 또는 서비스의 이용을 하는 사람과 그 절차를 대신해서 수행하는 사람을 구별하는 것이다. 특히 백화점과 같은 업종에서는 구매하는 사람과 회원가입한 명의인이 동일인이 아닌 경우라면 어느 쪽을 고객으로 보고 관리를 할 것인지가 애매해질 수도 있다. 이런 경우라면 가능하다면 양쪽을 모두 고객으로 만들려는 노력이 바람직하다. 이용은 이용대로 계속되도록 대신 처리하는 사람은 그대로 대신 처리하기 좋도록 유지하되 해당 회원카드 한 장에 두 사람의 역할이 구분되어 기록으로 남을 수 있다면 최선이다. 신용카드사들이 가족카드를 발급하는 목적도 이와 같은 경우에 대응하기 위한 한 방법으로 볼 수 있다.

이상과 같은 어떤 항목을 고객에게 얻을 것인가 하는 것 이외에도 누구까지를 고객으로 확보할 것인가 하는 문제도 존재한다. 한 가지 예가 구매 시 현장에 함께 오는 사람이다. 휴대폰을 구매하거나 백화점에서 쇼핑을 하는 경우라면 대부분 혼자이기보다는 누군가와 함께 있는 경우가 많다.

　흔히 동반 고객이라고 하는 이 사람들은 구매하는 고객과 가까운 관계로 배우자나 연인 또는 친구나 동료일 수 있다. 대개의 경우 이들은 같은 품목에 대해서 구매할 가능성이 높은 사람들이다. 물론 그중 일부는 이미 회원인 경우도 있을 수 있다. 회원이 아니라면 이들을 회원으로 만들어 둔다면 적절한 관리 여부에 따라서는 향후 구매를 하는 고객으로 만들 수 있는 가능성은 매우 높다. 이러한 동반 고객들은 자발적으로 만남이 이루어진 것이므로 비교적 긍정적인 분위기에서 대화할 수 있는 상대이다. 따라서 회원으로 가입하도록 하기도 용이하다.

　예를 들면 동반한 고객이 기다리는 동안 잠시 회원가입을 하도록 유도하면서 동반 고객 자기 자신에 대한 혜택이 돌아갈 수 있도록 시간을 사용하게끔 하는 것은 한편으로는 동반 고객 입장에서도 합리적이다.

　분명 고객정보의 관리는 생각만큼 간단하거나 쉬운 일만은 아니다. 수집과 유지, 분석을 통한 활용이라는 전체 과정 각각에서 많은 어려움이 발생된다. 따라서 이에 대한 종합적인 계획이 마련되고 현장이 이를 따를 수 있도록 해야 한다. 많은 정보가 있다면 좋겠지만 그에는 비용과 노력이 요구된다. 결국 가장 기초적인 부분 그리고 고객과 접촉하는 과정에서 자연적으로 획득될 수 있는 부분에서 출발하여, 다소 비용이 소요되더라도 활용 측면에서 필수적인 사항들은 반드시 수집될 수 있도록 해야 한다.

CRM 2.0의 고객정보 관리는 종합적인 동시에 현실적인 계획이 세워지고, 관리되는 정보의 활용가치를 전제로 실행되어야 한다. 정보의 활용가치와 수집과 유지에 따르는 비용 간의 균형이 미리 설정된 계획에 따라 이루어지는 것이어야 한다. 일반론에 따라 가능한 모든 고객정보를 확보하고자 하는 것이 아니라 업종의 특성에 맞추어 적절한 방식이 되는 것도 중요하다.

05 Customer Relationship Management 2.0
규모의 경제와 혁신

:: 왜 혁신이 아니면 소용없는가?

혁신이라는 이야기는 언제나 두려움의 대상이 아닐 수 없다. 그만큼 수고스러운 일이기도 하고 그 과정에서 누군가 갑작스럽게 피해를 보게 되는 경우도 많이들 경험했다. 한편으로는 말로는 혁신이라고 하지만 실상은 별반 달라지는 것이 없는 상태로 바람이 멈추는 경우도 많다. 하지만 이렇게 두려움과 우려 섞인 시각에도 불구하고 혁신은 계속적으로 요구되고 있다. 고객들에게 시장에서 그리고 내부에서는 경영진과 주주들에게 혁신이 요구되고 있다.

이와 같이 어차피 피하려야 피할 수 없는 것이라면 구체적으로 어떻게 혁신이 일어나도록 할 것인지에 대한 대책이 필요하다. 아무런 준비나 대책도 없었던 와중에 느닷없이 혁신이 찾아왔다고 생각하는 경우도 있겠지만 사실상 혁신이 일어나려면 또는 그 발생 확률을 높이려고 한다면 혁신이 가능한 조건을 미리 갖추어주는 것이 필수적이다.

혁신革新은 그 이름부터가 골치 아픈 존재라는 의미를 내포하고 있다. 가죽을 새로 고친다는 것은 누구라도 쉽게 받아들이기 어려운 일이다. 그런 수고스러운 과정을 겪기가 싫기에 조직에 속한 대부분의 사람들은 혁신을 거부한다. 심지어는 스스로 직원들에게 혁신을 강조하는 경영진들조차 정작 자기 자신은 변화의 영향권에서 제외시켜두는 경우도 있다. 하지만 그렇다고 현재대로 상태로는 만족하기 어렵다는 사실은 인정하다 보니 사람들은 간단히 개선이라는 어설픈 타협책을 대신 선택하고는 한다.

CRM과 관련하여 혁신을 이야기하는 것은 다른 경우에서와는 조금은 다른 이유를 가지고 있다. 단순히 대폭으로 원가를 절감하자거나 납기를 단축하자고 하는 추상적인 목표에서 출발하여 그 방법을 찾는 경우와는 달리 업무방식이 완전히 달라짐으로써 고객의 만족과 기업의 성과를 개선하는 두 마리 토끼를 한 번에 잡을 수 있는 기회들이 곳곳에 존재하고 있기 때문이다.

어쩌면 그만큼 현재의 CRM이 초보적인 수준에 머물러있는 것인지도 모른다. CRM의 혁신을 가능하게 하는 열쇠들 중 특히 주의를 기울여 볼 만한 한 가지가 바로 '규모의 경제'이다.

통상 규모의 경제라는 것은 좀 더 큰 규모를 가지고 있을수록 덩치에 비해서는 효율적으로 업무를 처리할 수 있다는 것을 의미한다. 물론 규모의 경제를 제대로 얻으려면 한 번에 많은 예산을 투입해야 하는 부담이 있을 수도 있고 조직의 이해 당사자들의 반발이 조율되어야 한다는 어려운 전제가 따를 수도 있다. 하지만 변화의 결과가 전체 조직의 목표인 고객과 관계를 강하게 하는 데 크게 기여할 수 있는 것이라면 이러한 제약사항들을 감수하는 것이 불가피하다. 더욱이 개선이라는 미명 아래 중도에 멈춰 서지 않기 위해서라도 한 번에 큰 변화를 하는 것이 현명한 선택일 수 있다.

다음의 그림은 개선과 혁신의 차이를 보여준다. 개선은 시간이 지남에 따라서 지속적으로 조금씩 일정부분씩 변화가 이루어지며 그에 따른 성과도 일정부분씩 늘어가는 것을 목표로 한다. 반면 혁신은 간헐적인 큰 변화에 따라 성과도 그만큼 크게 늘어나는 것을 목표로 한다. 모든 경우에 혁신의 기회가 존재하지도 않을 수 있고 또 모든 경우에 혁신이 성공하지도 않을 수 있겠지만 성공한 혁신은 변화의 크기만큼이나 큰 성과의 향상을 약속한다는 점에서 개선

[그림] 개선과 혁신의 차이

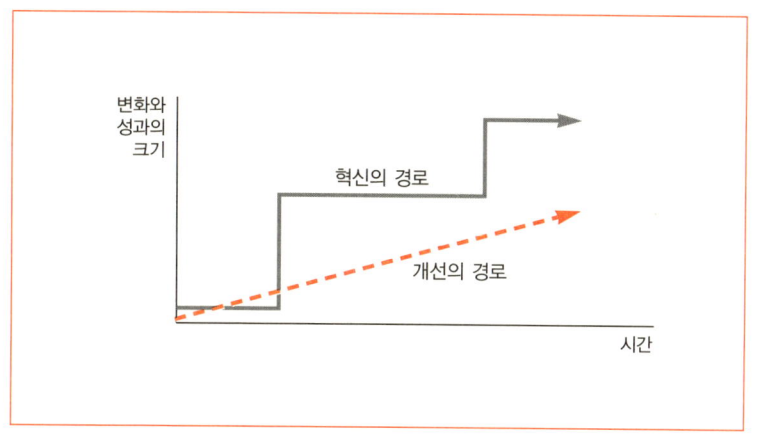

과는 차이점을 가진다. 개선의 경로를 따라서는 매우 긴 시간이 지나도 도달할 수 없는 지점에 도달할 수 있는 가능성을 혁신을 통해서는 찾을 수 있다.

혁신을 방해하는 장애물은 여러 가지가 있겠지만 그중 가장 큰 장애를 꼽는다면 역시 기존의 이해관계에 얽힌 사람들이다. 이들은 좀 더 멀리 보고 큰 시각으로 문제를 해결하고자 하기보다는 당장의 이해에만 연연한다.

CRM의 현장은 늘 해오던 대로 업무 방식에 안주한다. 만일 정보기술을 사용한 자동화가 관련된 것이라면 그에 따른 인원 감축을 걱정할 수도 있다. 이와 같이 개개의 당사자들 외에 경영진의 입장에서도 경영상 불확실성이 커질 수밖에 없다는 점 때문에 급격하고 큰 변화에 대해서 주저할 수도 있다. 따라서 혁신을 가능하게 하려면 의지를 가지고 있는 확실한 주도세력도 필요하고 분명하고 구체적인 명분도 역시 필요하다.

:: CRM의 혁신의 기회는?

한 번은 연례로 열리는 CRM과 관련된 미국 DMA의 컨퍼런스 NCDM의 주제가 변화의 속도Velocity of Change가 되었던 적이 있다. 변화는 당연하며 어쩔 수 없는 것이라는 전제하에 그 변화가 얼마나 빠르게 이루어지는가에 따라 성과가 좌우된다는 의미에서 그와 같은 주제가 설정된 듯 했다.

물론 2000년경의 그 시기에는 한창 닷컴 붐이 있던 시절이다 보니 웹이라는 이전에는 상상하지도 못했던 새로운 채널의 등장으로 인한 충격이 혁신 내지는 빠르고 큰 변화라는 키워드에 더 크게 힘을 실어주었을지도 모른다. 비록 지금은 닷컴 붐은 사라졌지만 여전히 혁신을 이야기해야 할 주제들은 무수히 남아있다.

지금은 이름조차 기억하는 사람이 많지 않은 BPR(Business Process Reengineering)이 소개되던 시기에 이야기되던 여러 새로운 접근 방식 중에 하나로 'Case Team'이라고 하는 방식이 제안되었었다. 이는 쉽게 말하면 고객별로 전담 팀을 구성하여 처음부터 끝까지 전체 과정을 해당 팀에서 처리해주는 것이다.

은행을 찾는 고객들을 예로 들어보자. 은행에서 대출은 수익성이 큰 매우 중요한 업무이다. 한 번 큰 금액의 대출을 받기 위해서는 한 고객이 몇 번씩 같은 은행에 들러 상담을 한다. 그런데도 같은 고객이 매번 서로 다른 은행 직원과 상담을 하게 된다.

✔ 용어 설명

BPR(Business Process Reengineering) :
1990년대 초반 대두되어 한동안 유행했던 경영혁신 개념으로 업무 프로세스를 원점에서부터 근본적으로 다시 설계해서 획기적으로 업무성과를 높이자는 것이다. 업무의 통합과 연계, 재배치, 부가가치가 없는 업무의 과감한 폐지 등과 더불어 정보기술을 활용할 수 있도록 업무를 개편하는 것을 주된 방안으로 제시했다.

고객은 서로 다른 직원을 상대로 자신의 상황과 대출이 필요한 내용에 대해서 같은 이야기를 반복해서 설명하게 된다. 다음번에 다시 상담을 하게 되어도 이전에 직원과 나누었던 이야기들은 어디에도 남아있지 않다. 지난번에는 어떤 이야기를 들었었다는 것까지를 고객이 다시 직원에게 설명해주어야 한다.

이 문제를 해결하기 위해서는 두 가지가 필요하다. 대출이 계약까지 완료되지 않았더라도 상담이 이루어진 내용이 기록에 남아 다른 직원이 다시 다른 고객과 상담을 하는 경우 처음부터 이전에 고객이 이야기했던 내용과 직원이 고객에게 했던 이야기를 알고 출발할 수 있도록 해야 한다. 또 다른 방법은 고객별로 담당자가 정해져서 한 고객은 같은 직원과만 업무를 보도록 하는 것이다. 이 방식이 바로 'Case Team'이 말하는 방식이다.

물론 지금도 은행에서 PB(Private Banker)라는 방식으로 고객별 전담제를 운영하고 있으나 이는 큰 규모의 자산을 가지고 있고 이를 운용도 해야 하는 극히 소수의 고객에만 해당된다. CRM에 혁신이 이루어진다면 아마도 이와 같은 PB 서비스를 일시에 대다수의 고객에게로 전면 확대하는 것과 같은 모습이 될 수도 있다. 5퍼센트, 10퍼센트씩 적용범위를 확대하는 대신 일시에 대상 범위를 거의 전체 고객으로 확대하는 과정에서 규모의 경제를 이용하여 획기적인 변화를 꾀하는 것이다.

최근 몇 년에 걸쳐 은행 점포에는 혁신이라 할 정도의 큰 변화가 실제로 일어났다. 고객들이 크게 신경 쓰지 않는 와중에 언제부터인가 은행 창구는 입출금과 같은 단순 업무를 자동화기기로 넘기고 더 이상 처리하지 않게 되었다. 대출과 기타 부가가치가 있는 주요 상품을 판매하는 상담창구는 보통예금 입출금이나 통장 개설 등의 단순 업무를 처리하는 창구와 완전히 구분되었다.

단순한 점포 인테리어 단장 정도가 아닌 점포의 전체 체계 자체를 변경하는 대대적인 변화였다. 은행은 이를 통해 수익성이 높은 상품의 판매에 더 많은 인력을 할당할 수 있게 되었고 단순 업무에 들어가는 인건비를 대폭 절감하게 되었다. 이와 같은 변화는 단계적·점진적으로 이루어지기 어렵다. 점포 운영방식에 대한 설계와 점포의 재단장에 들어가는 막대한 예산의 집행과 그에 따른 직원들에 대한 재교육, 새로운 운영방식이 가능하도록 하는 정보시스템에 대한 투자가 한 번에 이루어져야만 이와 같은 큰 변화가 가능하다.

가변적 프린팅Variable Printing도 좋은 예가 된다. 오늘날의 디짓마케팅에서 필수적인 수단의 하나인 DM(Direct Mail)은 분명 중요하고 효과적일 수 있다. 그러나 현실적으로 큰 문제가 되는 점은 그 종류가 다양하지 못해, 극단적으로는 오직 한 종류로만 제작되기 때문에, DM을 받는 대상이 되는 고객의 요구와 필요에 부응하지 못한다.

기존의 인쇄방식에서는 동일한 DM을 제작하는 수량이 늘어남에 따라서 DM 한장당 제작비가 줄어드는 비용구조를 가지고 있다. 이 때문에 업체 입장에서는 적어도 동일한 종류의 DM이 어느 정도 부수 이상은 되도록 할 수밖에 없다. 또 일정 부수 이상의 동일한 DM을 제작하다 보니 다른 종류의 DM은 만들 수 없고 해당 DM의 내용에 부합하는 일부 고객만으로 발송을 국한할 수밖에 없다. 결과적으로는 DM이 높은 반응률을 보이지도 못하고 DM을 받지 못하는 고객도 많을 수밖에 없다.

여기서 이 문제를 해결하기 위해 만일 처음부터 고객별 차이에 대응할 수 있도록 수백만 종의 DM을 제작하겠다고 생각했다면 그에 걸맞은 장비를 갖추고 출발할 수 있다. 이때는 모든 고객이 그 수백만 종의 DM 중 어딘가에는 적절히 대응될 수 있게 되고 제작 부수가 늘어나는 만큼 DM의 한 부당 단가는 낮아질 수 있다.

[그림] 고객별로 보내는 맞춤형 DM의 예　　　　　　＊홈플러스 현금쿠폰 샘플

이와 같이 컴퓨터와 연결된 가변적 프린팅 방식을 잘 활용하고 있는 대표적인 사례가 국내에서는 홈플러스라는 이름으로 운영되는 영국 유통체인 '테스코'의 경우이다.

이 유통업체는 수많은 고객들에 대해 할인쿠폰과 로열티프로그램으로 적립된 할인쿠폰을 포함하는 각기 적합한 DM을 발송하는 것을 목표로 처음부터 가변적 프린팅 방식을 고려하였고 각 고객에 적합한 내용을 결정하기 위해 내부의 고객 데이터베이스와 DM의 제작이 자동적으로 연결될 수 있도록 하였다. 이 방식을 통해 DM 내에 포함되는 각종 쿠폰의 소진율이 경쟁업체에 비해 월등히 높은 결과를 얻고 있다고 한다.

이는 처음부터 개선이 아닌 혁신을 목표로 했기에 가능했던 대표적인 사례이다. 만일 똑같이 가변적 프린팅을 활용한다고 하더라도 테스코처럼 처음부터 수백만 종을 전제하고 출발하는 대신 10종에서 20종으로와 같이 단계적으로 10종씩을 꾸준히 늘려가는 식의 방안을 선택하겠다고 할 수도 있겠지만 그 과정에서 발생되는 비용은 처음부터 수백만 종의 경우에 버금가는 수준까지 일찍부터 높아지게 되고 결국 단계적으로 늘려가려던 시도 자체가 중간에 포기될 수밖에 없을 것이다.

전자상거래 웹사이트의 개인화에서도 한 번에 큰 변화가 요구되는 사례를 찾아볼 수 있다. 고객 개개인의 특성에 맞는 정보만을 해당되는 고객에게 제공한다는 간단한 사고 전환을 실제로 실행에 옮기기 위해서는 근본적인 변화가 필요하다. 웹사이트와 그 안에서 운영되는 업무 프로세스가 전반적으로 달라져야 하기 때문이다.

대표적인 전자상거래 업체인 아마존의 예를 보면 웹사이트 전체가 고객별 특성에 맞춰 정보를 제공할 수 있도록 설계되어 있다. 고객별로 다른 상품을 제안해야 하므로 상품에 대한 모든 정보가 표준적인 형식을 가지지 않으면 원활한 처리가 불가능하다. 이 때문에 대부분의 상품에 대한 정보가 미리 설계된 표준 형식에 따라 관리된다.

웹사이트의 외형도 제안되는 상품이 달라지는 경우에도 문제가 되지 않도록 설계되어 있다. 누구에게 어떤 상품을 보여주어야 하는가 하는 결정을 하는 것도 모든 고객에 대한 모든 상품을 검토해야 하는 일이므로 자동화가 되지 않으면 가능할 수 없다. 물론 더 어려운 부분은 결정이 내려지면 그 결정에 따라 자동적으로 상품을 제안하는 과정에서 무리 없이 효율적으로 시스템이 운영될 수 있도록 하는 것이다.

이와 같은 기반 구조가 만들어질 수 있는가 아닌가에 따라 개인화를 위한 시도는 성공도 실패도 할 수 있다. 아마존은 이러한 근본적인 방식의 차이를 목표로 모든 부분을 준비해 다른 어떤 상거래 웹사이트가 감히 따를 수 없는 경쟁 우위를 얻을 수 있었다. 이메일에 대한 커스터마이제이션의 경우도 웹사이트에서 개인화의 경우와 유사하다. 고객을 상대로 발송되는 이메일은 대개가 모든 고객에게 동일한 내용이다. 오직 한 종류만 제작하기 때문이다. 그러다 보니 고객 개개인의 관심사는 반영되지 않고 고객들은 심지어는 열어보지도 않는다.

이런 문제를 극복하고자 고객별로 다른 내용을 보내는 커스터마이제이션이 사용되는 경우가 늘고 있다. 문제는 이메일의 커스터마이제이션이 오직 한 종류로만 발송되는 이메일과 확실하게 차이를 고객이 느낄 수 있도록 해주려면 상당히 많은 부분이 달라질 수 있어야 한다는 것이다. 그렇게 되려면 고객데이터를 분석해서 고객별 특성을 분류하는 것에서부터 각 고객에 대응되는 콘텐츠의 결정 및 제작까지에 업무 프로세스와 적용 기술이 모두 달라지는 것이 필요하다.

몇 가지 예를 살펴보았으나 이들에서 공통적인 것은 규모의 경제를 혁신의 기회로 삼는다는 점이다. 대량으로 처리하기 위해 처음부터 대량 처리에 가능한 방식을 선택하면서 원가를 낮추는 것이다. 이러한 규모의 경제는 표준화와 밀접하게 연관되어 있다.

[그림] CRM의 표준화와 규모의 경제의 연결 관계

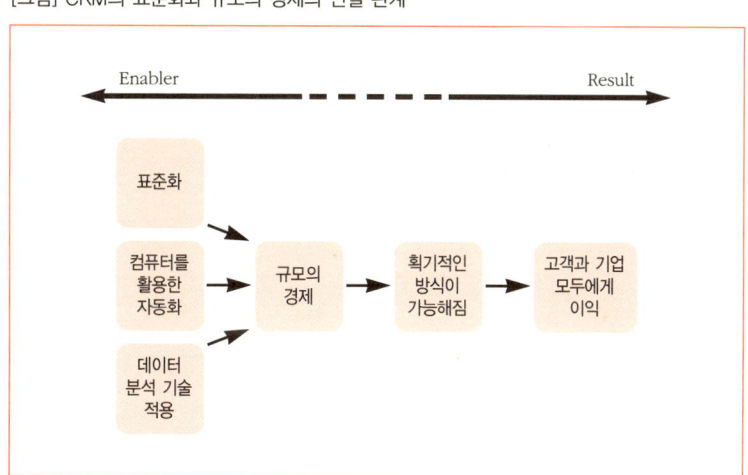

표준화는 원가절감을 가능하게 하며, 컴퓨터시스템 활용을 통해 대량의 업무를 자동적으로 신속하게 처리하고, 고도의 데이터 분석 기술을 적용해 고객 개개인의 특성과 요구를 반영한다. 이들이 모두 결합되면서 규모의 경제가 발생한다. 규모의 경제를 활용하면서 이전에 가능하지 않던 것이 가능해지고, 최종적으로 고객과 기업 양쪽 모두에게 이익을 주며, 기업 입장에서는 경쟁 우위를 점할 수 있는 차별적 무기를 갖추게 된다.

  앞의 그림에서와 같은 연결 고리가 완성되면 원하는 방향의 혁신이 이루어질 수 있게 된다. 단, 주의할 부분은 이러한 연결이 완성될 수 있는 기회를 발견하기 위한 출발점은 반드시 상대적으로 왼쪽에 위치하는 Enabler에게 만은 아니며 어느 쪽이 출발점이 될 수도 있다. 고객과 기업 양쪽 중 어느 쪽에서든 문제를 발견하고 이를 둘러싼 제약사항을 해결할 수 있는 방안이 존재하는가를 거꾸로 찾아가는 과정에서도 이러한 연결 관계를 완성할 방안이 나올 수 있다.

  한편 앞선 예들에서 또 한 가지 주목할 만한 공통점을 찾을 수 있다. 가변적 프린팅과 이메일 커스터마이제이션, 웹사이트의 개인화 등의 새로운 시도들 모두 고객의 특성에 따라 차별적으로 대응하는 것과 관련되어 있다는 것이다.

  현재의 CRM에서도 열심히 고객의 특성을 분석하고는 있지만 분석이 완료되어 고객의 특성이 이해되었다고 해도 그에 어울리는 서로 다른 활동을 하지 못하고 여전히 거의 'One Size Fits All'에 가까운 상태이다. CRM의 초창기부터 이야기되어 왔음에도 불구하고 그 해결 방안을 아직까지도 전혀 찾지 못하고 있는 경우가 대부분이다.

관련된 일례로 신용카드사의 이용대금 청구서를 생각해 볼 수 있다. 청구서는 신용카드를 이용한 모든 고객에게 매월 발송된다. 이용금액이 많고 적음에 따라 내용이나 형식에 큰 차이가 없다. 또 모든 고객에 대해서 오직 꼭 한 달에 한 번씩만 발송된다. 고객은 두 달에 한 번 청구서를 받고 싶을 수도 있고 매주 청구서를 받고 싶을 수도 있다는 것은 처음부터 고려되지 않는다. 이용금액이 많은 우수한 고객이라고 해도 청구서는 다를 것이 없다. 청구서에 들어갈 수 있는 여러 내용 중에 어떤 것에 특히 관심이 많다는 것도 고려되지 않는다. 청구서는 신용카드사가 고객에게 메시지를 전달하는 가장 중요한 커뮤니케이션 수단임에도 고객의 차별적 특성이 전혀 고려되지 않고 있으며 또 이것을 당연한 것처럼 여기고 있다.

앞의 세 가지 예들은 모두 고객별 특성에 맞는 맞춤형 고객관리를 위해 새로운 방식을 도입한 것들이었다. 하지만 이러한 방식을 도입하지 못하고 있는 조직들의 경우에도 새로운 방식이 존재한다는 것을 몰라서만 주저하고 있는 것은 아니다.

새로운 방식들이 가능하기 위해서는 규모에 대한 단서가 따르기 때문에 그와 같은 큰 변화를 선뜻 받아들이지 못하는 측면이 오히려 강하다. 늘 해왔듯이 한걸음 한걸음씩 걸어보고 성과가 난다 싶으면 다시 한걸음씩 더 나아가는 식의 방향을 고수하겠다는 생각을 가지고 있다. 이를 보수적 선택이라고만 무조건 질타하기는 곤란할 수 있겠으나 안타깝게도 그런 방식으로는 결코 근본적으로 문제가 해결되지는 않으리라는 것은 분명하다.

📎 CRM 시스템 구축의 경우 - 사례

CRM 시스템의 구축에서도 규모의 경제를 고려하는가와 그 결과가 얼마나 혁신적일 수 있는가는 크게 관련 있다. 전체 필요한 금액의 10퍼센트씩을 매년 점진적으로 투자하는 것은 쉬워 보이지만 가능하지 않은 경우가 대부분이다. 최초의 투자가 수년간 필요한 전체 투자의 절반을 넘는 경우조차도 흔하다. 이처럼 채널의 통합이나 전사적인 시스템 통합이라는 측면에서 기초공사에 소요되는 예산이 많을 수 있다. 또 기초공사 자체보다도 더 큰 비용이 새로운 업무 방식을 수행해야 하는 인력들에 대한 교육과 훈련에 사용되어야 할 수도 있다. 물론 새로운 방식을 운영할 수 있도록 하는 기초공사가 일단락되고 나면 그때부터 추가로 소요되는 비용은 일정수준으로 줄어들 수 있다.

CRM에 대한 투자에 관해 그중에서도 특히 시스템 구축과 관련된 투자에 관해 부정적인 입장을 가진 경영진들을 많이 볼 수 있었다. 이들은 CRM을 위한 시스템이 혁신을 위한 Enabler가 된다는 사고방식을 가지지 않았기 때문에 그와 같은 입장을 취했을 것으로 생각된다. 결국 시스템 구축을 비용을 들이는 것으로만 생각하기보다는 그 결과로 CRM 프로세스가 어떻게 달라지고 고객이 어떤 결과를 얻게 되는가를 먼저 생각해야 한다.

📎 회원제를 통합하는 경우 - 사례

근래에는 회사 내의 사업 분야별로 별도로 존재하거나 그룹 차원에서 계열사별로 존재하는 회원제를 통합하여 하나로 만드는 작업들이 많이 이루어지고 있다. 통합이 바람직한 것인가와는 별도로 일단 통합을 선택했다면 그것을 추진해가는 과정을 어떤 식으로 진행해갈 것인가를 생각해 볼 수 있다. 회원제의 통합은 규모가 큰 일이다 보니 단계적인 추진이라는 안전한 방식을 선택하고 싶은 생각이 들게 마련이다.

그러나 통합의 대상을 조금씩 넓혀가는 것이 불가능할 수 있다. 한 회사씩 단계적으로 통합에 포함시킨다는 것이 가능하지 않다. 전체의 1퍼센트에 해당되는 우수 고객에 대해서만 실시하고 단계적으로 전체 고객으로 확대해 가는 것도 현실에서 가능하지 않은 경우가 많다. 극히 한시적으로는 가능하겠지만 특정지역에서만 어떤 서비스를 이용할 수 있도록 하는 것을 고객들이 받아들이기 어렵다. 단계적인 통합이라는 것이 완전히 불가능하지는 않은 경우라고 해도 그 진행이 너무 느리며 그에 따른 기회비용, 즉 통합을 한 번에 이루었을 경우에 비한 효과 상실분이 너무 커 결국은 통합이라는 의미 자체가 상실되는 문제를 낳을 수밖에 없다.

서로 다른 회원제가 하나로 통합되었다면 고객 입장에서 모든 것이 통합적으로 처리될 수 있어야 한다. 고객과 구매에 대한 모든 데이터베이스가 통합되어 있어야 한다. 고객의 문의에 대응할 수 있는 콜센터도 하나로 통합되어야 한다. 통합된 콜센터에서는 각 회원사의 마케팅 활동, 정책과 고객상담내역 등이 통합적으로 관리되어야만 고객에 대한 원활한 응대가 가능하다.

이는 대부분의 고객 접점에서 쉽게 발생될 문제이다. 아웃바운드 텔레마케팅을 하는 경우에도 고객의 모든 회원사 내지는 사업부문과 거래에 대해 최신 정보를 가지지 않은 상태라면 고객이 순간순간 하는 질문에 대답하는 것이 불가능하다.

대표적으로 전화를 거는 기능만 있고 고객의 요구나 질문에 대해 응답하는 기능이 없다면 문제가 발생된다. 기업 쪽에서 볼 때 텔레마케팅의 제한된 기능에 대해 고객은 기업과 대화라고 여기기 때문에 불쾌감만 생길 수 있다.

> 결국 통합이 기대하는 만큼의 성과를 얻도록 하고자 한다면 좀 더 과감하고 공격적인 선택이 필요하다. 회원제의 통합은 단순히 고객리스트를 하나의 데이터베이스에 넣어두는 것으로 끝나는 것이 아니라 통합대상인 각 사업부문이나 회원사의 업무 내용을 서로가 알고 있을 수 있도록 완전한 모습일 때 효과를 발휘할 수 있다.

:: CRM 고도화 경로에 대한 현실적 선택

앞서 왜 혁신과 개선이라는 두 가지 경로가 어떤 특성을 가지고 있는가에 관해서도 이야기했고, CRM과 관련된 분야에서 혁신이 이루어진 사례들에서 알려진 대표적 공식과 같은 것도 찾아보았다. 그렇다면 이제는 어떤 식으로 변화를 가져갈 것인가에 대한 구체적인 경로를 설계할 차례이다.

그 첫 단계로는 개선의 기회와 혁신의 기회를 동시에 검토해서 하나의 리스트를 만드는 작업이 될 것이다. 쉽게 실행할 수 있는 개선의 기회가 많이 존재한다면 이를 놓칠 이유는 없다. 동시에 혁신에 대해 이미 어느 정도 알려진 공식들이 존재한다면 그것을 받아들일 방법을 찾아야 한다. 여기서 자신의 입장에서 혁신이라는 것이 반드시 아무도 이전에 해보지 않은 발명과 같은 것이어야 한다는 식의 오해는 하지 말아야 한다. 남들이 성공했던 방법과 유사한 방식을 택해서라도 빠르고 크게 우리의 성과를 높일 수 있다면 우리에게는 분명 혁신이다. 따라서 직접 동종 업종뿐 아니라 다른 업종에 대한 벤치마킹을 통해서라도 우리에게 적용할 수 있는 혁신의 기회를 폭넓게 찾는 작업이 중요하다.

1980년대 후반에서 1990년대 초반까지 크게 유행했던 BPR은 근본적이고 급격한 변화를 주장했다. 비록 지금에 와서 BPR을 시도했던 것들이 모두 성공했다고 이야기하기는 어려울 수 있겠지만 BPR을 통해 이야기되었던 변화의 공식들 중 상당부분이 여전히 유효하다. 어찌 보면 당시 BPR이 기대만큼의 성과를 내지 못했던 큰 원인은 기술적인 부분이 제대로 따라주지 못해서일 수도 있다.

그러나 지금은 여건이 많이 좋아졌다. 네트워킹이나 데이터베이스, 데이터 분석 등 당시에는 아직 성숙되지 않았던 신기술들을 전제사항으로 해서 소설처럼 그려졌던 것들이 지금은 실제로 적용될 수 있는 수준으로 발전되었다. 이제는 구태여 다시 BPR이라는 단어를 들먹이지 않더라도 큰 변화를 이루고자 했던 실제 내용들을 성공적으로 수행하는 것이 가능할 수 있다.

CRM과 관련하여 특히 주목할 만한 BPR의 키워드 중 하나는 제로베이스Zero-Base라는 것이다. 현재의 CRM 프로세스는 타깃마케팅과 분석이라는 기능이 추가되었고 자동화 수준이 높아졌다는 점에서는 분명 과거와 달라졌다. 하지만 그 운영이 '설계'된 것이라기보다는 자연발생적인 것인 측면이 강하다. 이는 타당하지 않은 방식일 수 있다는 것을 의미한다. 따라서 원점에서 재검토가 분명 필요하다. 물론 맹목적이고 무리한 방안을 선택하자는 것은 아니지만 제로베이스의 검토에서 근본적인 변화 내지는 최초의 '설계'가 필요한 부분들이 발견될 수 있는 가능성이 높기 때문이다.

앞서 우리는 규모의 경제에 따른 혁신의 기회들을 주로 살펴보았으나 '규모'라는 단어에만 너무 집착할 필요는 없다.

예를 들면 범위의 경제에서 해답을 찾는 것도 가능할 수 있다. 남들의 사례에서 아이디어를 얻되 반드시 그것과 정확히 같은 모습으로만 이루어져야 하는 것도 아닐 수 있다. 변화의 기회에 대한 리스트를 작성하는 작업이 다른 어떤 일보다도 더 어렵게 느껴질 수도 있다. 또 CRM 고도화를 위한 결정에서 변화에 대한 스케줄 표를 작성하는 것도 중요한 문제이다.

큰 변화가 이루어지고 그 변화가 성공적으로 뿌리내리기 위해서는 몇 달 정도의 짧은 시간만으로는 충분하지 않은 경우가 대부분이다. 큰 변화일수록 하드웨어나 기술의 변화보다는 사람과 프로세스의 변화가 제대로 이루어지지 못하면 성공적으로 마무리되지 못하기 쉽다는 것은 많은 사례들에서 볼 수 있었다.

CRM 1.0은 투자의 가치에 대한 확신이 없는 상태에서 이루어졌었다. 확신이 없다보니 한 번에 충분한 수준의 투자를 하지 못하고 그로 인해 결국 문제가 발생되는 경우도 있었다. CRM 2.0이 모든 것을 한 번에 바꾸는 것만을 의미하는 것은 아니지만 이제는 좀 더 공격적으로 움직이는 쪽을 선택하는 것이 필요하다.

현실적 선택이라는 것이 반드시 보수적인 것만을 의미하지 않는다. 위험을 감수하더라도 그 이상의 성과를 얻을 수 있는 것이라면 적절한 선택일 수 있다. 단, 다양한 측면의 변화에 우선순위를 두고 단계적으로 변화를 해나가는 것은 변화에 대한 체계적인 관리의 한 방법이 될 수 있다. 하나하나를 보면 큰 변화가 필요한 것이라고 해도 수십 가지 항목 중 하나씩을 단계적으로 실행함으로써 조직이 감당해야 할 단기적인 충격을 분산하는 효과를 노릴 수 있다.

이전에는 외부에 있는 것으로 보고 그 존재 자체를 중시하지 않았던 고객이라는 새로운 축을 경영 전면에 내세우고자 한다. 그러고 보니 CRM은 불가피하게 큰 변화를 수반하지 않는다면 완성될 수 없다. 근본적으로 보면 CRM은 단기적인 매출 지향의 기존 패러다임을 바꾸지 않고는 실현될 수 없는 것이다.

고객을 만나고 대응하는 프로세스상의 많은 지엽적인 부분들을 크게 변화하는 것에 앞서 우선적으로 가장 크게 요구되는 변화의 항목은 경영방식 또는 철학적인 측면에서 '고객과 신뢰관계 구축'을 하겠다는 생각이다. 이를 바탕으로 원대하지만 현실적인 계획이 체계적으로 만들어지고 실행될 수 있는 것이다.

PART 06

상황과 특성에 대한 고려

01 불황기의 CRM
02 비영리조직의 CRM

01 Customer Relationship Management 2.0
불황기의 CRM

:: 불황기에는 CRM이 더욱 중요해지는가

한 유통업체에서 고객 이탈률이 전년에 비해 현격히 줄어든 해가 있었다. 고객 이탈률을 따져본 것은 물론 CRM 담당 부서였고 CRM 부서는 적극적인 CRM 활동이 성과를 내었기 때문이라고 고객 이탈률 감소의 원인을 추측했다. 그렇지만 우연의 일치였는지 몰라도 같은 시기에 경기가 좋아졌었다면 이 경우 CRM 활동을 잘해서 이탈률이 줄어든 것으로 보아야 할 것인가 아니면 경기가 좋아졌기 때문이라고 봐야 할 것인가?

어쩌면 CRM과 경기 간에는 아무런 상관이 없을지도 모른다. 하지만 어떤 이는 경기가 나빠지면 CRM이 더 중요해진다고도 하고 어떤 이는 경기가 나쁜 상황이라면 CRM 따위가 무슨 소용있는가라고도 말한다. 생각해보면 경기가 나빠진다는 것은 곧 시장의 규모가 작아지고 시장의 규모가 작아지면 그만큼 새로운 고객을 찾는 것이 어려워질 것이다. 그러므로 기존 고객을 지키는 것이 굉장히 중요해진다.

그런 측면에서 불황기일수록 CRM의 중요성이 커지는 것으로 생각된다. 하지만 다른 각도로도 생각해 볼 수 있다. CRM은 가격보다는 관계를 강조하지만 불황기에는 소비자들의 지출 여력이 줄어들기 때문에 필수적인 소비에 집중하게 되며 그나마도 낮은 가격의 제품으로 구매를 바꿀 수 있다. 심한 경우에는 오랜 거래를 통해 구축된 관계도 쉽게 버릴 수 있다. 그렇다면 기업 입장에서는 관계를 중요시하는 것만으로 살아남기 어려워질 수 있다. 이처럼 의외로 상반된 생각들이 동시에 타당해 보이기도 한다.

2008년 하반기부터는 경기가 급격하게 나빠지고 일반인들의 마음도 크게 불안해지는 상황이 나타나면서 그에 대한 여러 가지 분석이 이루어지고 있다. 그중 하나는 지출이 줄어드는 원인에 대한 것이었는데 소위 서민들이 지갑을 닫는 세 가지 이유는 금융자산의 감소, 일자리 부족, 물가 불안 등이라는 것이다.

간단하게 생각하면 이런 상황에서 CRM이 그 중요성을 인정받으려면 말을 바꾸어 표현하면 CRM이 고객의 지갑을 열려면 이 세 가지 문제들을 해결해야 한다. 그러나 금융자산의 감소나 물가 불안과 같은 문제들이 CRM만 가지고 해결해낼 수 있는 성격의 문제이겠는가? CRM이 대규모 공공사업을 벌여서 일자리를 창출할 수도 없고 물가를 잡을 수도 없지 않겠는가?

통상 고객들이 소비를 줄이면 새로운 품목, 새로운 브랜드에 대한 구매가 더 많이 줄어든다. 또 시장 환경이 변하면서 고객들은 모든 부분에서가 아니라 특정한 품목에 대한 지출을 집중적으로 줄이는 특성이 있다.

이와 관련된 최근의 한 뉴스 내용 중에는 경기가 나빠지니 20대는 먹는 것을 줄이고, 30대는 여행과 레저 등 노는 것을 줄이고, 40대는 옷을 사지 않는다는 웃지 못 할 조사 결과도 있었다. 또 당장의 아파트 대출이자를 갚을 여력이 없어진 소비자들은 노후를 대비하기 위해 가입했던 보험을 해약하여 충당한다고 한다.

이처럼 상황의 변화가 크게 영향을 주는 항목들이 일부에 집중되는 현상이 실제로 목격된다. 한편으로는 이와 같은 특정 품목에 대한 집중적인 소비패턴 변화는 트레이딩 업-다운과도 무관하지 않다고 볼 수 있다.

자신들이 가치를 두는 품목에 대해서는 소비를 줄일 수 없기 때문에 관심이 적은 품목에 대한 소비를 집중적으로 줄인다는 것이다. 아파트와 보험의 예에 대입해보면 먼 미래인 노후에 대한 대비보다는 당장 자신이 살고 있는 아파트가 더 가치 있다고 여기는 사람이 많다는 것으로 해석할 수 있을 듯하다.

분명 CRM이 경기가 반전하거나 나쁜 경기 안에서 소비자들의 소비패턴을 바꾸지는 못할 것이다. 그러나 이러한 상황에서도 CRM

이 가지는 나름대로 역할과 임무가 존재한다. 바로 달라지는 시장 상황에 맞추어 집중해야 할 고객집단을 재설정하고 그 집단에 속하는 고객들의 지출을 자신의 것으로 유지하는 것이다.

:: 경기의 둔화 시에는 고객을 지키는 것이 핵심 과제

경기에 무관하게 적어도 일부의 고객은 경쟁사로 거래처를 바꾼다. 경기가 나빠지는 상황에서는 여기에 경쟁사로 넘어가지는 않은 고객들의 구매수준이 낮아지는 문제가 추가된다. 따라서 경기가 나빠지는 상황에서는 고객의 이탈을 막는 것에만 집중하는 것으로는 충분치 않다. 어쩔 수 없이 고객들의 구매가 줄어든다고 하더라도 그 정도가 조금이라도 줄어들 수 있도록 하는 것이 더 중요한 과제가 될 수 있다.

경기가 나빠질수록 가격에 대한 고객들의 민감도가 커지기 마련이다. 지갑이 얇아진 고객들은 가격을 따지는 시각도 단순히 상품 판매금액뿐 아니라 고객 입장의 총비용 Total Cost of Ownership이라는 것으로까지 까다로워질 수 있다.

예를 들어 300원 정도 저렴하게 라면을 사기 위해서 3000원을 들여 대형 할인마트에 가는 사람들은 줄어들고 걸어서 가거나 전화 주문으로 배송을 받을 수 있는 슈퍼마켓을 이용하는 사람이 늘어나게 된다. 이 경우는 이전에는 직접 경쟁상대가 아니라고 여겼던 새로운 종류의 경쟁자가 중요하게 대두되는 예로도 볼 수 있다.

이처럼 경기가 나빠지면서 발생하는 다운쉬프트Down Shit라는 현상은 업종 간에서뿐만 아니라 품목 간에서도 나타난다. 경기가 나빠지는데 오히려 소비가 증가하는 품목들도 존재한다. 조립식가구가 한 예가 될 수 있다. 경기가 좋았을 경우에는 구태여 불편하게 조립식가구를 사다가 직접 조립하는 수고를 하지 않으려 했던 사람들이 조금이라도 절약할 수 있는 방안을 찾고자 하면서 자연스럽게 조립식가구를 찾게 될 수 있다.

한편 일부 고객들의 경우 오히려 지출이 늘어날 수도 있다. 일례로 달러가 비싸지면서 국내에서 해외로 가는 여행은 줄어들지만 반대로 해외에서 국내를 찾는 여행은 늘어난다. 이러한 기회를 빠르게 포착해낼 수 있다면 줄어드는 소비를 전반적으로 막아내는 것은 되지 못한다 해도 조금이라도 그 영향을 줄일 수 있다.

여하간 일단 가격이 중요해지는 상황이라면 가격을 낮추기 위해서는 원가 절감은 필수적이다. 경기가 나빠지면 그만큼 인건비를 낮출 수 있는 가능성도 커지므로 낮아진 인건비에 따른 절감분을 고객들에게 돌려주는 것도 고려해야 한다. 경기가 나쁜 만큼 가격 경쟁력 우위는 고객을 지키는 데 유용한 무기가 된다는 점을 무시할 수 없다. 하지만 가뜩이나 전체적으로 매출이 줄어드는 상황에서 모든 품목에서 가격을 무제한으로 낮추는 것은 불가능하기도 하고 바람직하지도 않다.

경기가 나쁜 상황에서 고객을 유지하기 위해서는 고객이 필수적으로 지출할 수밖에 없는 품목을 선별해서 경쟁업체에 비해 가격 면의 우위를 점하는 것이 중요하다. 이때도 모든 고객을 대상으로 가격을 낮추는 것만으로는 부족하다. 가격에 민감한 동시에 제공하는 가치는 큰 고객이 일차적으로 가격을 낮추어주어야 할 대상자가 될 것이며 그들이 필수적으로 구매하며 가격에 대한 민감도가 큰 품목이 우선적으로 가격을 낮추어야 할 품목이 될 것이다.

한편 나쁜 경기상황에서 살아남기 위해 회사 전체가 노력을 집중하고 있는 상황에서 CRM에 들어가는 원가도 예외가 될 수는 없다. 고객과 관계를 관리하는 과정에서 자동적으로 제공되던 혜택들도 좀 더 원가가 낮은 다른 형태로 전환되는 것이 필요할 수 있다. 좀 더 실속형의 혜택을 선택하거나 같은 비용을 들였을 때 좀 더 크게 느껴지는 것으로 바꿈으로서 한편으로는 원가를 절감하고 한편으로는 지갑이 얇아진 소비자들의 심리에 공감을 일으켜 주는 것이 필요할 수도 있다.

고객의 요구와 가치에 따른 차별적 대응은 비단 호경기 상황에서만 유효하지 않다. 경기가 나빠지고 있거나 이미 나빠진 상황에서도 고객의 요구와 가치를 고려한 대응에서 고객을 지키고 고객의 구매수준을 유지하는 결과를 얻을 수 있다.

여기서 급격한 경기의 변화는 위기인 동시에 기회일 수 있다는 점도 잊지 말아야 한다. 당장의 매출은 줄더라도 경기가 나쁜 기간에 어느 고객의 지갑점유율을 높일 수 있다면 향후 경기가 반전되었을 경우 그 고객이 닫았던 부분에 대해서 계속 매출을 타사에서 빼앗아 올 수 있는 가능성이 크다.

또한 경기가 나빠지는 시기와는 반대로 경기가 호전되는 시기에서는 어떤 유형의 고객들이 지출을 늘리는 품목이 주로 어느 쪽인가를 빠르게 파악하는 것이 중요한 과제가 될 수 있다. 경쟁사에서 새로이 유입되는 고객들이 주로 어느 쪽에서 유입되는가를 파악하는 것도 중요하다. 이처럼 경기가 나쁘든 좋든 이미 안정된 상황에서보다는 경기가 상승이든 하강이든 급격하게 변화하는 시점에서 특히 CRM의 민첩한 대응이 요구된다.

> ✎ 역마진 상황의 CRM
>
> 2000년대 초반에 금융상품들이 역마진을 내어 큰 문제가 되던 시절이 있었다. 역마진이란 파는 가격에 비해 원가가 더 높음을 의미한다. 이는 경기와는 조금은 다른 이야기일 수 있으나 역시 외부적인 환경 변화로 인해 CRM의 여건이 달라지는 상황으로 볼 수 있다.
>
> 이때 일부 사람들은 팔면 팔수록 손해이고 고객을 유지할수록 손해인 시기에 CRM이 무슨 소용이 있는가 하는 이야기를 하기도 했다. 그러나 잘 생각해보면 그와 같은 매우 특수한 상황에서 조차 CRM은 나름대로 역할이 있음을 알 수 있다. 각 고객들의 특성을 충분히 이해하고 있다면 어떤 고객들에 대해서는 당장의 손해를 감수하고도 유지가 필요하고 어떤 고객들은 대상에서 제외해야 할지를 따지는 것이 가능하다. 또 모든 상품의 모든 고객에 대해서 역마진이 발생하는 것이 아니라면 어느 쪽에 한해서는 계속 적극적으로 판매하고 유지해야 할지를 정할 수도 있기 때문이다.

:: 사전적인 경기 분석 : 환경 분석 차원의 고객 분석 필요성

CRM의 원론에서는 경기가 좋아지고 나빠지는 것에 대한 고려는 그다지 중요하게 여겨지지 않았었다. 하지만 실제 상황에서 경기의 변화는 수시로 발생되며 점점 더 그 변화가 빠른 주기로 불규칙하게 일어나는 듯하다. 어차피 이러한 상황이라면 이와 같은 경기의 변화를 미리 예측하지는 못한다고 하더라도 경기의 변화가 시작되었을 때 그것을 조금이라도 빠르게 감지하고 향후 그 변화가 진행될 방향을 포착할 수 있는 준비가 되어있어야 할 것이다. 그에 따라 어떤 고객들이 어떤 쪽에 소비를 줄이거나 늘일 것인지를 가능한 한 조기에 판단해 낼 수 있어야 하며 경기가 달라지는 것에 맞추어 탄력적으로 CRM의 무게중심이 이동될 수 있도록 CRM의 체제 자체도 미리부터 신축적인 형태를 취하는 것도 중요할 것이다.

고객들의 움직임을 일거수일투족 정확히 예상하는 것은 어렵다고 하지만 반대로 전반적인 흐름을 예상하는 정도라면 크게 어렵지 않을 수도 있다. 경기가 나빠지면서 셀프 주유소로 가던 고객들이 경기가 회복되면 다시 일반 주유소로 이동할 것이며 기름 값이 높은 동안은 이동거리가 짧은 인근의 슈퍼마켓을 이용하던 고객들이 경기가 회복되면 대형 할인마트로 다시 이동할 가능성이 높다.

경기가 변화하는가를 확인하기 위해서 경기의 선행지표라 하는 남성복 매출과 같은 특정품목에 대한 분석을 해볼 수도 있다. 이러한 패턴들은 과거의 고객들의 구매행동과 과거의 경기상황을 비교한 데이터 분석을 통해서 많이 발견될 수 있으며 이런 패턴들을 종합해보면 경기가 나빠지는 시기와 좋아지는 시기에 각각 고객들이 어떤 행동을 보이는지도 그려질 수 있다.

이러한 분석 결과들이 미리 만들어지면 그것을 바탕으로 각각의 경기상황에 맞추어 어떤 대응을 해야 하는가 하는 대응 시나리오를 미리 작성하는 것도 가능할 것이다. 물론 이러한 외부적인 환경 변화에 대한 검토가 비단 경기 하나에만 국한될 이유도 없다. 좀 더 거시적인 측면에서는 인구 구성의 변화도 중요한 관심사항이다. 대표적으로 노령화로 인해 고객의 평균 연령대가 빠른 속도로 상승하고 있으며 이미 국내에 거주하는 외국인의 수가 백만을 넘어가고 있다고 한다. 이러한 변화를 미리 포착하고 대응한다면 오히려 새로운 상황을 기회로 활용할 수 있는 여지도 존재한다.

현재의 CRM에서 데이터 분석은 주로 내부에서 보유하고 있는 고객 데이터베이스를 활용해 DM 캠페인에 포함할 대상을 고르는 것과 같은 매우 미시적인 것들에만 국한되어 있다. 오늘날에는 국가통계 포탈을 포함하여 외부에서 확보될 수 있는 데이터도 많이 늘어나고 있다. 이와 같은 외부 데이터를 고객 데이터베이스와 결합하여 경기와 인구 구성의 변화 등을 비롯한 여러 가지 예상되는 환경 변화가 발생하는 경우 어떤 고객을 어떻게 관리해야 하는가에 관한 대응 시나리오를 미리 만들어내는 좀 더 전략적인 차원의 작업들도 시작되어야 할 것이다.

02 Customer Relationship Management 2.0

비영리조직의 CRM

:: 이익을 남기는 것이 주목적이 아닌 경우에도 고객중심 경영은 중요하다

최근에는 정부나 지방자치단체 등을 비롯한 비영리조직의 경우에도 적극적으로 CRM을 도입하려는 노력이 눈에 띄게 증가하고 있다. 우체국이나 건강보험에서도 CRM이 중시되고 있고 철도청이나 시청에서도 CRM에 관심을 두고 있다. 하지만 이러한 정부 관련 조직이나 기타 영리가 주목적이 아닌 조직의 CRM은 방향이나 내용이 민간기업의 그것과는 달라질 수밖에 없다.

민간분야의 CRM은 주로 고객의 가치를 파악하고 가치를 높이기 위한 방안을 찾아 실행하는 것에 초점을 둔다. 실상 고객과 관계보다는 고객의 가치가 좀 더 우선적인 기업들의 관심사이다. 일단 기업이 생존하고 발전해야 고객을 돌볼 여지가 있다는 태생적인 특징 때문이다.

반면, 비영리조직의 경우에는 고객으로 볼 수 있는 대상들을 차별하기가 곤란하다고 쉽게 생각할 수 있다. 건강보험에서 재정에 기여하는 정도가 큰 고소득층이 더 가치가 크다고 구분하고 그들에 대해서 집중적인 관리를 하고 더 많은 고소득층이 건강보험을 적극 이용하도록 한다고 생각해보면 무언가 본래의 목적에 맞지 않은 듯한 느낌이 든다. 또 영리가 목적이 아니므로 가치라는 개념보다는 만족을 높이는 것이 적절하다고 생각할 수도 있을 것이다. 우체국이라고 한다면 이용한 고객들이 얼마나 만족하는가에 따라 CRM이 잘된 것이라고 생각할 수 있다는 방식이다.

그러나 한 단계 더 깊이 생각해보면 고객의 가치를 따지는 것이나 가치를 기준으로 고객을 구분해서 관리하는 것이 비영리 분야라고 해서 의미가 없는 것이 아님을 알 수 있다. 또 막연하게 고객만족을 높인다는 것만으로 비영리조직의 CRM을 전부 설명하기는 부족하다는 것도 알 수 있다. 비영리조직이라고 해도 해당 조직이 가진 목표가 있다. 또 그 조직이 목표를 이루기 위해 사용할 수 있는 자원은 제한적인 것이 당연하다. 우리나라에서 우체국은 공적 기능으로 모든 국민이 우편물을 주고받을 수 있도록 하는 편의를 제공한다. 하지만 우체국은 적어도 최소한의 수수료를 우편서비스를 이용하는 '고객'에게 부담시킨다. 더 많이 이용하고 더 많은 비용 부담을 한 '고객'이 존재한다. 단순히 그들이 부담한 비용만이 기준이 될 수는 없겠지만 우체국의 공공적인 목적을 좀 더 크게 달성하기 위해 좀 더 집중적인 관리를 해야 할 고객이 구분될 수 있다. 고객만족 측면에서도 우체국을 이용한 고객들 중에서 일부를 골라서 그들에게 우체국 이용에 만족했는가를 물어보는 것이 의미 없는 것은 아니겠지만 누구의 만족이 좀 더 중요한가를 따지는 것이 필요하다. 또 만족이라는 고객의 느낌만이 아니라 실제 우편물의 배달 등 서비스가 얼마나 잘 이루어졌는가가 중요할 수도 있다.

여기서 한 가지 생각해 볼 만한 부분은 우체국의 공적 특성은 보다 상위의 조직으로 생각할 수 있는 국가 전체라는 관점에서 목적 달성에 기여하는 것을 우선으로 하는 방식도 고려하는 것이 가능하다는 것이다. 어쩌면 국가 전체 차원에서는 국가에 더 많이 기여하는 국민들이 우편서비스의 혜택을 더 많이 볼 수 있도록 하는 것이 바람직할 수도 있지 않은가 하는 것이다. 우체국을 이용하는 부분에 대한 부분중심의 고객가치 개념 대신에 국민 전체 내지는 국가 전체라는 상위, 즉 전체중심의 고객가치 개념을 고려하는 방식이다. 이러한 사고방식에 바탕을 둔다면 국가의 안보와 관련된 서비스는 일반 대중이 필요로 하는 서비스보다 중요하게 여겨져야 한다는 판단도 할 수 있을 것이다.

기부금을 모금하여 사회사업을 하는 단체들도 비영리조직의 범주에 들어간다. 기부라는 것이 아직은 우리나라에서 대중화되지 못했다는 점도 이유일 수 있겠지만 기부를 하는 사람은 소수이며 그 중 많은 금액을 기부하는 사람도 극히 소수에 불과하다. 이 경우 민간기업의 그것과 마찬가지 방식으로 기부를 할 가능성이 높은 '잠재고객' 또는 기존에 기부를 했던 고객의 명단 중 기부를 계속할 가능성이 높은 '우수고객'을 선별하는 작업은 제한된 해당 사회사업단체의 자원을 단체의 궁극적인 목적을 달성하기 위해 보다 효과적으로 사용하도록 할 수 있을 것이다.

그러나 고객만족이라는 관점에서 본다면 기부한 사람들, 즉 고객들을 만족하게 하는 것이 가장 중요하지는 않을 것이다. 기부가 지

[그림] 기업의 CRM과 비영리조직의 CRM 비교

영리기업의 CRM		비영리조직의 CRM
유통업체, 은행, 통신사, 신용카드사	조직의 예	정부기관, 지방자치단체, 사회사업단체, NGO
고객과 장기적 관계 제고	목표	고객만족
구매 관계가 있는 사람	고객	일반 대중. 단, 조직의 업무에 따라 주로 이용하는 있는 사람들
타깃마케팅. 캠페인	주요 실행수단	행정정보 제공, 제한적인 다이렉트 마케팅
업종에 따라 소수일 수 있음	고객 수	통상 다수. 단 일부 전문적인 조직이나 기관에서는 소수
• 대개 회원가입을 통해 고객정보 확보 • 정보 이용에 대한 개별 고객 동의 획득이 필수적 • 외부기관과 정보 연계 및 공동 활용이 극히 제한됨	고객정보 확보 및 이용	• 고객의 자발적인 회원가입 여부와 무관하게 자동적으로 정보 확보 가능한 경우 존재 • 정보 활용에 관해 고객 동의를 얻거나 추가적인 고객정보를 확보하기 절차상 불가능한 경우 존재 • 일부 민감한 정보의 경우 CRM 활용상 제약 존재. 반대로 기관 간 정보의 연계 이용이 가능한 경우도 존재

속적으로 이루어질 수 있도록 기부하는 과정을 운영하는 것은 중요하겠지만 기부한 사람들이 원하는 대로 기부금을 쓰는 것까지가 중요한 것도 아닐 수 있다. 고객이 원하는 방향으로 조직을 변화시킨다기보다는 조직의 목적을 달성하는 방향에 동조할 수 있도록 고객들을 설득하는 작업이 비영리조직에서는 오히려 중요한 CRM 과제가 될 수도 있다.

지방 일선 행정기관의 예로 동사무소를 생각해 볼 수 있다. 해당 지역에 거주하는 주민들 모두가 고객이며 그 대부분이 직접 동사무소를 이용한다. 많은 사람들이 민원서류를 발급하고 새로 이사 오거나 이사를 가거나 하는 모든 사람들이 이용한다. 이런 경우라면 고객의 가치는 어떤 방식으로 판단할 수 있을까? 또 이런 경우에도 반드시 고객의 가치를 계산하는 것이 필요한 것일까?

:: 비영리조직의 고객 세분화와 타게팅

국세청은 정해진 규정에 맞추어 세금을 걷는 것이 주된 임무이므로 세금을 내는 사람들을 일차적으로 고객으로 볼 수 있다. 여기서 고객 입장에서 이익은 편리하게 세금을 내고 왜 어떤 세금을 내는 것인지를 납득하고 연체에 따른 가산세와 같은 불필요한 비용을 추가로 부담하지 않는 것에서 얻어진다.

반대로 국세청 입장의 목표는 제때에 정해진 세금을 걷으면서도 납세자들의 저항감을 최소화하는 것일 수 있다. 이 경우에는 민간

기업의 CRM에서와 같이 고객의 이탈을 막는 것은 중요한 문제가 되지 않을 수 있다. 그보다는 고객들과 더 좋은 관계를 맺기 위해서는 어떤 집단에 속하는 사람은 어떤 세금을 언제 얼마나 어떻게 내야 하는지를 좀 더 정확하게 이해할 수 있도록 해주는 기능이 중요할 것이다.

이 과정에서 절차나 규정에 대한 이해도가 낮은 집단, 또는 의도하지 않은 불필요한 실수를 범하기 쉬운 집단이 구분되어야 한다. 이들의 이해를 고취하기 위해 캠페인도 필요하고 DM이나 이메일·

> **국세청의 CRM 사례**
>
> 국세청은 지난 2008년에 VOC(Voice Of Customer) 시스템을 벤치마킹하여 국세 행정에 접목시킨 "고객의 소리 통합관리시스템"을 구축해 운영하고 있다. 이 시스템은 그동안 일 방향성에 지나지 않았던 납세자의 불평 및 불만사항을 체계적으로 접수, 관리해 세정 운영과정의 미비점을 보완하기 위한 차원에서 도입되었다. 납세자의 목소리가 국세 행정을 쇄신하는 기초로 사용되는 것이다. 국세청의 고객이라 할 수 있는 납세자의 불편이나 불만사항을 단지 짜증나고 귀찮은 '문젯거리'로 여기는 대신 국체청의 변혁에서는 방향을 제시하는 시그널로 여기기 시작한 것이다.
>
> 실제로 이 시스템을 도입한 이후 수집된 불평불만 사항들이 국세행정을 개선하는 데 큰 역할을 하고 있는 것으로 나타났다. 시스템 개통 4개월만에 부가·소득·재산 등 세금 신고분야를 비롯, 조사·불복·홈택스·상담에 이르기까지 세정 전반에 걸쳐 4만여 건에 달하는 "고객의 소리"가 수집되었다.

SMS도 발송하는 맞춤형 타깃마케팅이 필요할 수 있다. 각종 세금은 당연히 미리 우편 등을 통해서 고지되지만 세금을 낼 시기가 가까워지면 납부기한과 금액을 다시 한 번 알려주어 납부기한을 어겨 불이익을 받지 않도록 미리 예방해주는 것도 좋은 방안이다. 고객들이 선택할 수 있는 대안을 제시하는 것도 바람직할 것이다. 일례로 신용카드를 이용해 무이자 할부로 국세를 납부할 수 있다는 사실을 비용이 저렴한 문자메시지를 사용해서 안내해준다면 큰 비용을 들이지 않고도 고객들이 편리함을 느낄 수 있을 것이다. 또 고객들이 자주하는 실수를 패턴화하여 실수가 발생될 수 있는 시점에 예방하도록 하는 것도 가능할 것이다.

예를 들어 지방세는 납부 가능한 지역에 제한이 있다. 만일 수원에 거주하는 사람이 지방세를 내려면 수원에 있는 금융기관에서만 가능하다는 식이다. 그러나 이러한 부분을 모르고 있거나 크게 관심을 기울이지 않은 경우라면 능히 실수할 수 있다. 이와 같은 사소하지만 결과적으로 불이익을 받을 수 있는 실수를 한 고객들을 찾을 수 있다면 같은 실수가 다시 발생되지 않도록 미리 안내를 해주는 것은 고객을 위해 크게 도움이 될 것이다.

물론 국세청의 목적대로 제때 세금을 걷는 것에도 부합하는 일이다. 영리기업에서와는 달리 고객의 실수에서 마진을 챙기는 것이 아니라 고객이 실수하지 않게끔 하는 것에서 본래의 목적을 더 잘 달성할 수 있기 때문이다.

이와 같이 특수한 임무를 가진 공공조직이다 보니 민간기업과는 고객이 되는 사람도 그들에게 해주어야 할 일도 성격이 달라지는 것은 분명하지만 고객의 유형의 분류를 위해 고객 데이터베이스를 활용해 고객 세분화를 하고 고객 특성의 차이에 따른 차별적 대응을 실시하는 것은 민간기업에서와 마찬가지로 유효할 수 있다.

예를 들어 짧은 기간의 연체가 반복해서 자주 발생되는 고객들에게는 좀 더 자주 세금안내를 실시하는 방법을 선택할 수 있다. 납세절차에 관해 자주 질문하는 고객들을 골라 개개인이 관련된 사항들에 대해 자주 질문되는 내용들에 대한 답변을 정리해 주기적으로 보내주는 것도 가능하다.

직원에 변동이 생긴 사업자들에게는 직원 변동 시 세금처리에 관한 안내를 해줄 수도 있다. VOC 시스템을 구축한 사례에서도 이 시스템에 수집된 고객의 소리를 단순히 내부에서 절차를 개선하기 위한 용도로만 활용하는 것을 넘어서서 개선되는 절차로 인해 영향을 받을 고객들을 골라내고 그들에게 변경된 내용을 알려주는 것도 필요할 것이다. 고객 세분화와 타게팅을 활용해 모든 고객이 아닌 특정한 상황에 처한 특정 부류의 고객들의 특성에 맞추어 보다 능동적으로 필요한 정보를 제공하는 것이다.

또 고객 데이터베이스를 분석해 규정이나 절차를 변경해야 할 필요가 있는 부분을 찾아내는 것도 중요한 과제가 될 수 있다. 고객 데이터베이스는 고객의 상태와 행동에 대한 정보를 모두 담고 있으므로 국세청의 경우라면 어떤 사람들이 많은 세금을 내며 어떤 사람들이 세금에 대해 부담을 더 크게 느끼는가에 대한 분석 결과를 얻을 수 있을 것이다. 대개 법이나 규정이라는 것들은 개개의 사실에 근거하기보다는 전반적인 원칙에 근거해 정해지는 경우가 많다고 보면 그러한 원칙이 현실적이지 않은 빈자리들을 구체적으로 찾아내기 위한 용도로 고객 데이터베이스가 적극 활용될 수 있을 것이다. 구체적으로 어떤 특정한 고객집단에 대해서는 어떤 경우에는 세금을 좀 더 걷고 어떤 경우에는 세금을 좀 덜 걷는 것이 바람직한가에 대한 아이디어를 얻을 수 있을 것이며, 이러한 아이디어들은 궁극적으로는 법규나 정책을 보다 합리적인 방향으로 변경할 수 있는 기초가 되어줄 수도 있다.

이는 민간기업의 CRM에서 고객 데이터베이스를 분석해서 새로운 상품을 개발하거나 새로운 업무방식을 설계하는 것과도 맥을 같이하며 어쩌면 좀 더 장기적인 관점에서 고객의 이익을 높이기 위한 측면에서는 당장 고객의 불편을 좀 덜어주는 것 중심의 눈에 띄는 활동들보다 월등히 더 중요한 일일 수 있다.

다른 경우를 좀 더 생각해보면, 지하철의 경우 만일 배차 간격을 1분 내로 줄이고 24시간 운영하며 운임은 최대한 낮은 수준으로 한다면 이를 이용하는 고객들은 누구나 대환영할 것이다. 그러나 이렇게 하는 것은 어차피 가능하지 않다.

어떤 조직에서나 마찬가지로 사용할 수 있는 자원에는 제한이 있기 때문이다. 지하철의 경우라면 CRM에서는 이용객의 유형을 구분해 어떤 고객의 편의를 집중적으로 높이기 위해 어느 시간대에 배차를 얼마나 할 것인가를 생각할 수 있다. 지하철 요금도 시간대별로 고객유형별로 또는 노선별로 다르게 적용할 수 있을 것이다. 고객 세분화와 타게팅의 원리를 활용해서 선택과 집중 그리고 차별화를 시도하는 것이다.

경찰의 경우라면 그 고객은 범죄자와 피해자 또는 잠재적인 범죄자와 피해자들이 될 것이다. 매우 특수한 성격의 조직이다 보니 범죄를 저지를 가능성이 높은 사람에 대해 범죄를 저지르지 못하도록 하고 범죄의 대상이 될 가능성이 높은 사람에 대해 피해를 예방할 수 있게끔 하는 것이 고객을 위해 해야 할 일이 될 것이다. 그 일환으로 신호위반을 한 사람에게 이메일이나 SMS을 통해 인근 지역에서 신호 위반이 자주 발생되는 지점을 안내해주거나 음주운전을 범한 이력이 있는 사람에게 중점 음주 단속이 있을 시간대와 장소를 공지하여 경각심을 높이는 식의 아이디어도 낼 수 있다. 역시 세분화와 타게팅의 활용이 의미 있다.

한편 세분화와 관련되어 비영리조직이 가진 특성으로 인해 발생되는 데이터 확보 측면의 한계를 극복해야 하는 문제가 있을 수 있다. 또한 아무런 문제가 없는데 경찰이나 국세청에 자신에 대해 자세한 정보를 제공하고자 하는 사람이 없을 것이다. 반대로 자선단체나 공익재단 등에 대해서라면 자신과 별상관도 도움도 안 되는 기관이라고 생각해 정보 제공에 소극적일 수 있다.

하지만 모든 경우가 그렇지는 않다. 특히 공공기관들이라면 최근 시스템적인 연계로 인해서 다른 기관에서 가지고 있는 정보를 공유할 수 있는 길이 많이 열려있기에 오히려 기업보다 더 좋은 여건을 가진 경우도 있다. 또 기본적인 처리 과정에서 자동적으로 입수되는 정보 이외에 추가적으로 필요한 정보를 확보하려는 노력도 필요하다. 더 많은 정보를 가지고 있다면 좀 더 고도화된 세분화와 타게팅이 가능하므로 정보 확보에 대한 적극적 노력이 필요하다.

다만, 무조건 정보 확보로 불필요한 것까지 가지고, 가지려다 비용만 낭비하고 고객의 반감만 높이는 것은 적절하지 않다. 다른 조직과 연계에 따른 정보 확보의 경우에도 고객의 반감을 사지 않으려면 어떤 경로로 데이터를 확보하고 공유하고 있는가에 대해 공식적으로 알려주는 제도적 장치에 신경을 써야 할 것이다.

데이터 확보 이외에 또 한 가지 문제가 될 수 있는 부분은 데이터의 규모이다. 국세청이나 건강보험과 같이 전 국민이 대상이 되는 경우라면 그 방대한 양의 데이터를 처리하는 데 어려움을 겪을 수 있으며 그 결과 급격하게 CRM을 고도화하려는 무리한 욕심은 현실성이 낮을 수 있다.

:: 비영리조직의 CRM 2.0 업그레이드 주의사항

고객을 중심축으로 두고 차별적인 요구를 파악하고 그에 맞는 활동을 행함으로써 고객과 관계를 강화하고자 하는 궁극적인 목표와 실행 과정의 기본 원리는 비영리조직의 경우라고 해서 영리기업의 경우와 크게 다르지 않다. 그러나 다르게 적용되어야 할 부분들도 존재한다. 여러 경우를 예로 살펴보기도 했지만 비영리조직이라고 해도 고객 세분화는 필수적일 것으로 생각된다. 고객의 특성을 분석해서 세분화하고 타게팅을 하여 고객을 관리하는 것도 차이는 있겠지만 어떤 비영리조직에서도 적용 가능하다. 그러나 고객가치라는 측면은 민간의 영리기업에서 고객이 주는 이익을 기준으로 하듯이 획일적인 방식으로 계산하기는 어려워 보인다.

국세청의 예에서도 살펴보았듯이 비영리조직도 조직의 목적과 기능, 이용 방법 등에 대해 고객들에게 충분히 알려 긍정적인 인식과 태도로 자발적인 협조를 유도하는 것이 마케팅에 해당된다. 이것은 상당히 중요한데 마케팅을 영리를 목적으로 하는 것이 아니므로 큰 반발을 사지 않을 수도 있다.

비영리조직의 종류는 매우 다양하고 각 조직이 CRM을 하는 입장에서 지침으로 삼을 수 있을 만큼 명확하고 구체적으로 목표를 정리해 두지 못했을 수 있다. 영리기업처럼 이익이라는 단순하면서도 계량적인 기준이 없기 때문이다. 따라서 정체성에 대한 재해석이 필요하다. CRM 이전에 전체 조직이 무엇을 해야 하는 조직인가를 다시 생각해보아야 바람직한 CRM 방향이 보일 수 있다. 각 조직이 담당하는 분야 및 목적의 특수성이 크다는 점을 생각한다면 일반적이거나 획일적이 아닌 각 조직에 맞는 형태의 CRM의 필요성이 비영리조직에서 더 클 수 있다.

고객인 동시에 기업에서는 주주에도 해당하는 사람들과 관계를 강화한다는 것은 최상위의 수준에서 동일하겠지만 좀 더 구체적인 수준에서는 상당히 다른 목표를 필요로 할 수 있다. 어떤 경우에는 많이 이용하도록 활성화가 중요하고 어떤 경우에는 이용하는 과정과 결과에 만족이 목표가 되어야 할 수 있다.

폐기물처리장 유치를 고려하고 있는 지방자치단체를 예로 생각해보면 한편으로는 지역경제 활성화를, 한편으로는 주민들의 안녕과 쾌적함을 사이에 두고, 또 한편으로는 해당 지역 내의 주민들의 이익과 전체 국가 차원의 이익을 사이에 두고 상충되는 주장들에 직면해있을 것이다. 물론 기본적으로 CRM은 다양한 의견들을 요약해 조직의 고객이 되는 주민들이 쉽게 이해할 수 있도록 효과적으로 전달하는 것을 1차 목표로 삼아야 할 것이다.

하지만 이런 상황에서는 정치적인 선택으로 인해 CRM이 고객으로 봐야 할 대상자의 범위 자체도 달라질 수 있으며 결국 고객과 커뮤니케이션에서 일선을 담당하는 CRM의 활동 결과가 어느 한쪽의 편을 드는 결과로 연결될 수 있는 우려도 있다. 비영리조직이라고 모든 경우가 그렇지는 않겠지만 이런 민감한 사안들에 관해서는 그만큼 많은 주의를 기울여 할 필요가 있다.

공공기능의 업무처리 효율성과 형평성에 대한 논란을 피하는 것도 필요하다. 한 사람에 대해 좋은 서비스를 하기 위해서 다른 사람들을 기다리게 만든다면 불만이 나올 것이다. 이처럼 부분의 성과보다는 전체의 성과를 극대화하는 방향을 선택하는 것이 원론적으로는 중요하겠지만 그 특성상 다소는 보수적인 선택이 불가피할 수 있다. 또 문서화된 규정이 아니라 본원적인 목적에 맞는 활동을 우선으로 하는 것도 생각해 볼 부분이다.

경찰은 범죄자 체포를 신속하게 하는 것보다 예방을 할 수 있는 것이 수준 높은 것이다. 그리고 예방을 위해 누구에게 무엇을 알려주어야 하며, 어떤 지역에 언제 발생될 수 있는 어떤 범죄를 차단할 것인지 분석해 대응하는 것이 더 중요한 일일이다.

한편 다소는 고압적이고 권위적이라고 인식되어 왔던 공공기관의 색깔을 민원인에 대해 친절하며 민원인의 요구가 많은 사항에 더 많은 인원이 배치되도록 한다든지 하는 변화를 보면 매우 고무적이지만 그 정도로는 만족스러운 CRM의 모습으로 보기 어렵다. 특히 공공기관에 대한 고객의 요구는 당장의 불편 해소에 집중되기 쉽다. 그러나 공공기관이 담당하는 일은 당장의 만족도에만 연연하는 것이면 곤란하며 그 고객인 일반 대중의 장기적 행복이나 안녕을 높이는 방향이 더 중요할 것이다.

예를 들어 공적연금 제도의 유용성에 논란이나 비판적인 시각도 많은 와중에 고객의 편의를 향상하기 위해 민원창구의 시설을 백화점식으로 말끔하게 바꾸거나 고지서를 급행으로 발송한다거나 기관의 로고를 새롭게 하는 것을 우선한다면 그것은 바람직한 CRM의 방향이라는 평가를 받을 수 없다. 당장 측정되는 수치상의 고객만족도 제고에만 얽매이기보다는 고객 전체의 장기적이고 진정한 이익을 위한 활동이 요구된다.

기업의 경우 당장의 구매만을 중시하는 것과 같은 우를 범하지 않도록 하는 주의도 필요하다. 자선단체의 경우라면 유사 성격의 다른 단체 보다 우리 단체의 모금 실적을 높이는 것보다는 기부의 필요성을 인식하고 어딘가에 상관없이 기부를 할 수 있도록 알리는 것이 우선되어야 할 것이다. 장기적 시각을 견지하면서도 동시에 고객에게 신뢰와 공감을 얻기 위한 노력을 하는 것이 모두 필요하다.

PART 07

마무리

Customer Relationship Management 2.0

01   CRM 업그레이드의 핵심 포인트 : 결론 및 요약

01 Customer Relationship Management 2.0

CRM 업그레이드의 핵심 포인트 : 결론 및 요약

이 책의 전체에 걸쳐서 많은 기업과 기타 조직들이 CRM을 도입했고 운영하고 있음에도 불구하고 외부적으로는 그 성과에 대해서 만족하지 못하는 비판의 목소리만 가득하고 내부에서 제자리걸음만을 하고 있음을 다양한 각도에서 짚어보았다.

그 과정에서 구태여 CRM 1.0과 CRM 2.0을 구분해서 업그레이드 포인트를 찾아보려는 노력을 하는 이유에 대해서도 이야기했다. CRM이라는 이름으로 이루어지는 활동이 지금까지와 같이 앞으로도 언제까지나 대략적인 고객동향을 경영진에 보내고 판촉행사를 알리는 DM을 보내는 일만에 국한되어서는 안되기 때문이다.

가장 중요한 것은 고객과 신뢰관계를 구축하는 것으로 CRM의 목표가 수정되어야 한다는 것이다. 단기적인 매출만이 아닌 '관계'에 집중하는 것이 업그레이드의 핵심 포인트이다. 이러한 시각의 변화를 통해서 비로소 지금까지의 CRM이 충분하지 못했던 부분이 보이기 시작할 것이다.

책의 앞부분에서 제시했던 CRM 2.0의 키워드는 현실성, 체계화, 전사적 관점의 도입 등이었다. 현재의 CRM은 실행 가능하지 못한 많은 사항들을 활동 목록에 포함시켜두고 있으면서 그 활동이 잘되지 못하는 것을 걱정하고 있는 경우가 많다. 실제로 가능한, 그리고 우리 조직이 실행할 수 있는 항목들로 임무를 구체화하여야 할 것이다. 계획·평가도 없이, 어떤 활동을 실행하는 데 대한 최소한의 논리도 없이 임기응변으로 그때그때 생각나는 대로 CRM을 전개하는 방식에도 큰 변화가 필요하다.

더 이상 주먹구구식으로 그냥 열심히 해보자는 식으로는 CRM이 가진 잠재력을 끌어낼 수 없다. '계획-실행-평가'라는 단순하지만 필수적인 과정 관리 방식이 CRM에 본격적으로 적용되어야 한다. 결과를 좀 더 명확하게 보여줄 수 있는 다차원적인 지표들도 고안되어야 한다.

한 달이나 일 년 내에서만 성과를 확인하는 데 그치고 다음 시점에서는 이전과 무관한 전혀 새로운 방식으로 일을 해나간다. 그 대신에 다각적으로 측정된 결과가 해를 바꿔가면서 고객의 구성과 행동방식 변화와 맞물려 이렇게 다른 반응을 보인 섯인지를 검토해 기존의 계획과 방향을 조정해나가도록 하는 방향타의 역할을 해주어야 한다.

CRM이 소수의 특정 부서 사람들의 업무라는 생각에서 벗어나는 것 역시 중요하다. CRM이 조직의 전체 부분들 중에 많은 다양한 부문들이 기획, 실행, 평가의 과정 중 어딘가에는 직접적으로 관련되어있다는 사실을 인정하고 CRM 전체의 성과를 높이기 위해 각 부문들이 무엇을 해야 하는가를 스스로 발견하고 실행에 옮겨야 한다는 것이다.

:: 변화의 시작은 경영진과 고위관리자에서

구체적으로 가장 먼저 달라져야 할 부분은 경영진 및 고위 관리자들의 의지와 참여이다. 실무를 실행하는 담당자들이 경영진을 포함한 관리자 이상에 대해 이야기하는 부분은 공통적으로 아무리 설명해도 잘 이해하지도 못하고, 과정에 참여하지도 않으면서, 엉뚱한 방향을 제시하거나, 당장의 매출에 기여하라는 식의 단기 성과 위주의 결과만을 요구한다는 것이었다. 이제까지는 이해 부족, 방치, 결과에 대한 감독과 비판에 머물렀다면 앞으로는 CRM의 작동 원리를 이해하고, 수행 과정에 직접 참여하여 장기적 관점의 성과를 낼 수 있도록 리드해가는 역할을 해주어야 한다.

몸에 맞지 않는 옷에만 현혹되어 있었던 점도 달라져야 한다. 모든 조직이 처한 특수한 상황이 있음에도 불구하고 추상적인 CRM의 모습에 매달려서는 좋은 성과를 기대하기 어렵고 실제 CRM을 실행하는 현장의 반발이나 문제 제기도 클 수밖에 없다. 고객 데이터베이스에 대한 심층적 분석 결과에 더해 현장 직원들의 실제 고객응대 과정의 경험, 기타 시장 환경에 대한 외부 자료들을 종합적으로 검토하여 자신의 업종이 가진 구체적인 특성을 파악하여야 한다. 이와 같은 현상에 대한 세세한 파악과 분석을 바탕으로 현실적인 목표 수준을 설정하는 것이 필요하다. 열심히 하면 따라갈 수 있는 정도의 목표가 되어야 적극적으로 달려볼 마음이 생기고 달리는 과정도 쾌적하다.

CRM은 기획에서 실행, 평가에 이르기까지 다양한 부문이 직접 관련되는 성격을 가지고 있다. 지금까지의 CRM이 답보 상태에 있었던 한 비공식적인 이유가 바로 조직 내의 협력관계가 제대로 이루어지지 않았다는 점이다.

CRM이 마케팅, 서비스, 현장의 판매, 본부의 데이터베이스 관리 및 분석 등 여러 가지 전문적인 업무기능의 수행을 필요로 한다면 역할 분담은 불가피하다. 명확하게 설정된 역할의 범위와 경계가 존재하고 각 부분들이 능동적으로 협력하겠다는 사고방식을 가지도록 해야 한다. 그래야 더 이상 현장을 모르는 사람들의 발상이라는 현장의 반발도, 회사 차원에서 중요하게 여기는 계획에 대해 현장에서는 적극적으로 동참하지 않는다는 본부 부문의 푸념도 사라질 수 있다.

오늘날의 경영 과정에서도 역시 사람이 움직여주는 것이 가장 중요함은 두말할 필요조차 없겠으나 CRM에서는 특히 정보기술을 활용한 공유, 자동화, 데이터 분석이 기여할 수 있는 잠재력이 매우 크다. 그중에서도 대량의 고객 행동 및 접촉이력에 대한 정보를 효율적으로 축적하고 가공할 수 있도록 데이터베이스 시스템을 체계적으로 구축하는 것은 더욱 중요하다.

데이터베이스를 통해 조직 내의 모든 CRM 관련 부문이 하나로 연결될 수 있으며, 그 데이터베이스를 분석해서 고객에 대한 다각적인 이해가 가능하기 때문이다. 데이터 분석과 관련해서는 단순히 새로운 기술의 채택만으로 업그레이드가 이루어지기 어려운 측면이 있다. 데이터 분석의 대부분은 사람이 일일이 개입해서 진행할 수밖에 없다.

결국 이에 관해서는 고급인력을 충분한 수 확보하는 일에 신경을 써야 한다. 한편 정보기술이 지속적으로 빠르게 발전하고 있다는 점을 생각해 본다면 기술의 변화에 대해 적극적으로 검토하고 도입 활용할 수 있는 자세가 필요하다.

많은 예산의 투입을 필요로 하거나 기존의 업무방식을 대폭 바꾸지 않고는 해결될 수 없는 문제들이 있다고 해도 이를 피해가려는 생각만으로는 근본적인 해결이 이루어질 수 없다는 사실도 논의되었다. 새로운 기술이나 새로운 프로세스의 도입을 통해 대폭으로 문제를 해결할 수 있는 기회가 보인다면 적극적으로 이를 받아들이려는 도전적인 자세가 필요하다. 다소의 불편을 감수하고라도 개선을 넘어서는 혁신을 모색해야만 CRM이 업그레이드될 수 있다.

다만, 이 책에서 논의된 현재의 문제점들과 업그레이드 포인트들은 업종과 업종 내에서 해당 조직의 입지 등 여러 상황과 맞물려 적절한 방향이라 할 수 있는 것에 차이가 있을 수 있다. 대표적으로 공공조직이나 소규모의 기업이라면 이제 도입을 고려하고 있거나 도입 초기인 경우일 수도 있다. 이러한 경우라면 업그레이드 이전에 당장의 시작을 안정적인 것으로 만드는 것이 더 중요할 수 있다.

처음부터 2.0으로 가고자 하는 지나치게 원대한 꿈은 무리일 수 있으며 이는 CRM 2.0의 키워드로 제시했던 현실적이라는 측면과 배치되는 것이다. 어느 정도까지 도전적인 목표를 세울 것인가에 대해 정답은 없겠지만 분명한 것은 어떤 CRM을 그리든 간에 도적이지만 동시에 달성 가능한 현실적인 목표 수준과 그에 부합하는 추진 방법을 설정하는 것이 필요하다는 것이다.

:: CRM 2.0으로 가기 위한 첫 번째 작업 : CRM에 대한 더 많은 공부

이 책에서 부르는 CRM 2.0이라는 것이 CRM의 마지막 버전이라고 할 수는 없을지 모른다. 또 어쩌면 좀 더 발전된 버전은 더 이상 CRM이라는 이름으로 불리지 않을 수도 있다. 하지만 당장 우리들과 우리들의 경쟁조직들의 CRM 1.0이 모두 같은 문제를 가지고 있다면 당장 드러나 있는 문제점들을 고쳐 그것을 업그레이드하는 것은 당면한 그리고 중요하고 큰 숙제이다.

이 책의 전반에 걸친 업그레이드 포인트에 대한 논의를 단 한 가지로 요약한다면 현재의 CRM에 대해 과거부터 이야기되어 왔던 원론과 실제 지금의 현상적인 부분을 비교해 되돌아보고 갭Gap이 있거나 변화가 필요한 부분을 찾아 그것을 근본적으로 고칠 수 있는 방안을 찾자는 것이었다.

이 과정에 대한 첫걸음은 그리 특별한 것도 아닌 'CRM이 무엇인가'에 대해 좀 더 깊이 있게 공부하는 것이다. 그로부터 내게 맞는, 그리고 현재보다 나아지는 CRM이 어떤 모습인가를 생각해 낼 수 있을 것이며 동시에 지금까지의 CRM이 충분히 만족스러운 결과로 연결될 수 없었던 하찮은 듯하면서도 가장 결정적인 원인들을 제거할 수 있을 것이다.

부록 01 Customer Relationship Management 2.0

CRM에 대한 오해와 진실 9

이 책의 전체에 걸쳐 CRM이 변화해가야 할 모습에 대하여 논의했지만 그것의 전제는 CRM과 관련된 기본적인 이해가 어느 정도는 공유되고 있다는 것이다. 하지만 생각보다는 많은 사람들이 CRM에 대해서 공통적으로 잘못된 생각이나 믿음을 가지고 있는 경우들을 종종 만나게 된다. 이에 관한 좀 더 다양하고 상세한 논의를 통해 오해를 풀어가는 것은 언젠가 별도의 기회를 바라기로 하고 여기서는 가장 흔히들 잘못 생각하고 있는 대표적인 것들 중 몇 가지를 골라 그 '진실'에 대한 의견을 간단히 요약해 본다.

:: CRM에는 적합한 업종과 아닌 업종이 있다

CRM은 고객과 관계를 강화한다는 어찌 보면 매우 단순한 것이다. 모든 업종에서 나름대로 고객을 가지고 있으며 그 고객들을 통해 사업을 영위한다. 이 때문에 독점적 기업이나 심지어는 공공조직에 이르기까지 CRM은 모든 조직에 필요하다.

단지 각 업종의 고객과 상품 등의 특성에 차이가 있기에 CRM이 수행되는 모습에도 차이가 있을 뿐이다. 물론 CRM이라는 이름을 본격적으로 거론함에서는 업종 간에 시차가 있었던 것은 사실이지만 CRM이 더 중요하고 더 적합한 업종이 무엇인가를 따지는 것 자체가 의미 없어 보인다.

:: 시스템을 구축이 CRM을 도입이다

시스템이 CRM을 실행하는 것이 아니다. 통상 시스템이라고 부르는 데이터 웨어하우스와 OLAP을 가지고는 단지 데이터를 조회하는 것 이상의 무엇도 할 수 없다. 데이터 조회와 분석이 이루어져도 그 결과를 바탕으로 고객 특성에 따른 차별적 활동이 실제로 실행되고 있어야 CRM이 도입되었다고 할 수 있다.

:: CRM에 성공한 기업은 반도 되지 않는다

CRM에 성공했는가를 CRM 시스템을 구축하고 그것을 많이 사용하고 있는가만으로 따지는 경우에 생길 수 있는 오해이다. 초기에는 CRM 시스템을 구축하고 바로 정상가동되도록 하는 데 어려움을 겪은 경우가 많았고 그 때문에 CRM 도입에 절반 이상이 실패했다고도 했으나 CRM의 성패는 시스템 구축 여부와 무관하게 고객 관련 전체 업무 프로세스가 어떤 성과를 내고 있는가를 기준으로 판단되어야 한다.

:: CRM은 고객만족경영이다

고객만족이 중요함에는 당연히 동의한다. 그러나 CRM과 고객만족경영은 같은 것이 아니며 두 가지가 강조하는 것 사이에는 겹치지 않는 부분이 존재한다. CRM은 고객별 수익성을 중시하며 미래 장기간의 가치를 고려한다. 결국 장기간 각 고객에 대해서 발생한 비용과 이익의 균형을 생각한다는 점에서 CRM은 고객만족과는 다른 측면의 방향성을 가지고 있다.

:: 20퍼센트의 고객이 80퍼센트의 매출을 준다

20대 80이라는 것은 단지 고객가치상의 차이에 대한 개념을 설명하기 위해서 예로 이야기하는 숫자일 뿐이다. 20퍼센트의 고객이 80퍼센트의 매출을 올리지 않았다고 해서 획일적으로 문제가 있다고도 이야기할 수 없으며, 20퍼센트의 고객이 90퍼센트의 매출을 일으킨다고 좋은 상황이라고도 할 수 없다. 또 20이든 80이든 이 숫자는 기준이 동일한 경우에 비교하는 의미가 있다. 매출 대신 이익을 이야기할 때, 1년 대신 반기간의 매출을 가지고 이야기할 때 각각 의미가 달라지게 된다.

:: 분석만 잘하면 CRM에 성공할 수 있다

고객 데이터베이스에 대한 분석이 중요하며 CRM에서 차지하는 비중이 크다는 사실은 인정할 수밖에 없다. 그러나 분석을 아무리 한다 해도 실행하지 않거나 실행할 구체적인 방안을 만들지 못한다면 분석 자체는 아무런 의미가 없다.

분석은 그 결과에 대한 해석과 해석의 결과로 만들어진 활동계획의 실행으로 연결될 때에만 가치를 가진다. 따라서 CRM에서 분석이 차지하는 중요도 측면의 비중은 아무리 커도 결코 50퍼센트를 넘지는 않을 것이다.

:: 고객들은 DM도 이메일도 받고 싶어하지 않는다

DM이나 이메일을 너무 많이 보낸다고 불만을 표시하는 고객을 쉽게 볼 수 있는 것은 사실이다. 그러나 모든 고객이 그런 것은 아니다. 또 불만을 가지는 경우에도 대부분은 자신과 관련 없는 내용이 너무 많기 때문이지 자신이 관심을 가질 만한 또는 도움이 될 만한 내용이 많은데 불만을 가지는 것이 아니다.

:: 상품력이 없으니 CRM은 소용없다

점포 수가 적어서 또는 상품이 없어서 CRM을 해도 성과가 나지 않으며 CRM 측면에서 할 수 있는 것이 없다고 단정 짓는 경우도 많다. 그러나 CRM은 주어진 상품이나 점포 수 등을 전제하더라도 많은 할 일이 있다. 동일한 상품을 가진 회사라도 어떤 고객에게 어떻게 커뮤니케이션하는가에 따라 고객들이 회사를 대하는 태도나 행동을 달라지게 할 수 있다. 또 정말 상품이 부족하다면 제한적인 상품 확보 능력하에서 어떤 새로운 상품이 우리 고객들에게 더 필요한 것인지 또는 기존의 상품들 중 어떤 부분은 다른 상품으로 대체해나가야 할 것인지를 고객중심의 관점에서 파악하고 실행해나가는 것도 CRM의 범위를 벗어나는 일이 아니다.

:: 한국에는 한국에 맞는 CRM이 필요하다

한국에서 한국식의 CRM을 하는 것이 잘못된 것일 리가 없다. 그러나 한국만이 특수하니 한국에서는 체계적이거나 고도화된 것은 할 수 없다는 무책임한 발상을 한국이 현실적 상황에 맞는 CRM을 하는 것과 같은 것이라고 여기는 것은 큰 문제이다.

CRM이 이야기하는 기본적인 원리와 방식들은 전 세계 어느 나라라고 해서 달라질 것이 없다. 또 외국에도 업종별·기업별 상황적 특수성은 있다. 구체적으로 한국이 어떤 점에서 상황이 특수하니 이때는 어떤 방식으로 하는 것이 보다 체계적이고 합리적인 것이라는 이야기라면 성립이 되겠지만 여기는 한국이니 서구에서처럼 체계적이고 합리적인 형태로는 CRM을 할 수 없다는 식의 획일적이고 패배주의적인 생각은 없어져야 한다.

부록 02 Customer Relationship Management 2.0

꼭 읽어 두어야 할 참고서적 Best 9

　이 책 한권 내에 담을 수 없는 다양한 내용들과 이 책을 이해하기 위해서라도 필요한 CRM에 대한 기초 이론들을 설명해주고 있는 몇 권의 책들을 골라 추천한다. 기초로 분류한 네 권을 통해서는 전반적인 개념이나 배경·흐름 등을 접할 수 있을 것이며, 심화를 위해 소개한 다섯 권을 통해서는 여러 가지 각도에서 좀 더 깊이 있는 내용들을 찾아볼 수 있을 것이다.

:: CRM에 대한 전반적인 이해를 위한 기초 자료

《CRM 고객관계관리》　　　　　　　　－무라야마토오루 외 지음－
　CRM의 전반에 대해 컨설팅사의 논리와 사례를 포함시켜 쉽게 풀어놓은 책이다. 일본식 문체도 읽는 재미를 주며 국내에서는 흔히 소개되지 않는 일본 기업의 사례들도 만날 수 있다. 왜 CRM이 대두되었고 필요한가에 대한 다소 추상적이지만 종합적인 시각을 보여준다. 특히 구매 에이전트 개념에 대한 설명은 눈여겨 볼 만하다.

《세계 최고 기업들의 CRM 전략》　　-스탠리브라운 외 지음-

약간은 딱딱한 느낌도 있으나 전 세계 PWC의 컨설턴트들이 CRM 전반에 대한 방법론과 아이디어들에 대한 설명을 제공한다. CRM 도입 및 시스템 구축 과정에 대한 절차 설명도 좋고 여러 나라의 다양한 업종 사례들도 포함되어 있다.

《e-비지니스 모델에 맞는 eCRM》　　-김재문 지음-

eCRM이라고는 하지만 그 내용으로는 CRM의 전반을 다루고 있다. 저자가 제시하는 국산에 가까운 프레임워크들에서 저자의 고민의 흔적을 느낄 수 있다. 번역서가 아니기에 개념을 우리말로 풀어준 부분도 참고할 만하고 전체를 보는 체계적 시각을 얻는 데도 도움될 내용이다.

《The CRM Handbook》　　-Jill Dyche 지음-

CRM이 무엇인가 또는 어떻게 해야 하는가보다는 다양한 사례를 볼 수 있다는 점에서 가볍게라도 읽어둘 만한 가치가 있다.

:: 심화 학습을 위한 자료

《한국적 CRM 실천방안》　　　　　　　－박찬욱 지음－

CRM이 한국 상황에서 어떠한 어려움을 겪고 있는가를 현장 실무자들의 목소리를 통해 들려준다. 다양한 업종의 실제 상황에 대한 일종의 다큐멘터리로 느껴진다. 걸러지지 않은 생생한 현장의 목소리들이 많이 담겨있다.

《Managing Customer Relationships : a Strategic Framework》　　－Don Peppers & Martha Rogers 지음－

CRM 전체에 대해 이론적이고 체계적으로 정리해 한 학기 대학원 강의교재도 될 수 있을 정도의 방대한 분량의 책이다. 모두를 읽을 수 있다면 엄청난 양과 깊이의 지식을 얻을 수 있을 것이다. 많은 전문가들 특히 학계 전문가들의 다양한 논리적인 견해를 접할 수 있다.

《당신의 고객을 업그레이드하라》

－서닐 굽타 & 도널드 레흐만 지음－

고객가치를 파악하는 방법과 그 결과를 활용하는 방법에 관해 탁월한 학술적 설명을 제공한다. 특히 고객 생애가치Lifetime Value를 계산하기 위한 방법에 대한 구체적인 내용과 사례들이 들어있다.

《Data Mining Techniques : for Marketing, Sales, and Customer Relationship Management》

-Michael Berry & Gordon Linoff 지음-

데이터 마이닝뿐만 아니라 CRM을 위한 데이터 분석을 이해하기 위한 필독서이다. 아쉽게도 번역본이 나와있지는 않지만 고객 세분화, 고객 행동 예측 등 고객 데이터베이스를 분석해 CRM을 고도화할 수 있는 방법들에 대한 기본 원리를 많은 실제 사례를 통해서 매우 구체적으로 보여준다.

《CRM을 위한 데이터 마이닝》 -알렉스 버슨 외 지음-

데이터 마이닝을 고객 유지와 세분화, 교차판매 등에 적용하는 방법을 다루고 있다. 번역서가 나와있어서 세부사항보다는 고객데이터를 어떤 식으로 분석하여 CRM에 활용하는가를 비교적 쉽게 이해하는 데 많은 도움을 얻을 수 있을 것이다.

독자와 소통하는 열린 출판

타임스퀘어가 '좋은 원고'와 '참신한 기획'을 찾습니다

타임스퀘어는 책을 통해 세상과 소통합니다.
책은 열린 광장입니다.
사람이 책을 만들고, 책은 다시 사람을 만듭니다.

타임스퀘어에서는
읽는 이의 마음을 살찌우고,
생각과 삶을 변화시킬 기획,
세상을 바라보는 안목을 키워주는
진실한 원고를 찾습니다.

타임스퀘어는 세상과 소통하려는 사람들의
열린 공간입니다.

타임스퀘어 | 분야 | 경영 / 경제 / 인문 / 실용

서울시 마포구 동교동 113-81 (우)121-816
Tel : (02) 3143-3724   Fax : (02) 325-5607